KB098978

텍스트에서
그래프로 교실의
양식을 바꾸다

교실 속
비주얼
씽킹

발행일   2015년 10월 27일 초판 1쇄 발행
2023년 01월 11일 초판 8쇄 발행
지은이   김해동
발행인   방득일
편 집   신윤철, 박현주
디자인   강수경
마케팅   김지훈

발행처   맘에드림
주 소   서울시 도봉구 노해로 379 대성빌딩 902호
전 화   02-2269-0425
팩 스   02-2269-0426
e-mail   momdreampub@naver.com

ISBN 978-89-97206-36-0 03370

텍스트에서
그림으로 교실의
상식을 바꾸다

교실속
비주얼
씽킹

김해동 지음

맘에드림

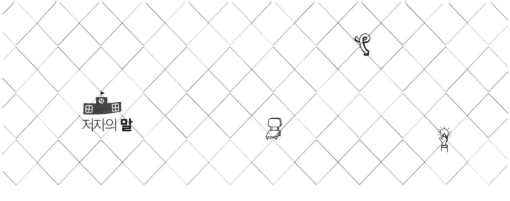

왜 비주얼씽킹인가?

'나누다'를 국어사전에서 찾아보면 여러 의미가 있는데 그중에는 '말이나 이야기, 인사 따위를 주고받다.', '즐거움이나 고통, 고생 따위를 함께하다.' 등이 있다. 비주얼씽킹은 단순히 그림을 그리고 혼자서 만족하는 것이 아니라 다른 사람과 함께 나눌 때 진정한 의미를 가지고 있다. 음식, 이야기, 감정을 나누는 것은 사람과 사람이 나눌 때에 의미가 있기에 '생각 나눔'이라고 정의하였다.

생각(thinking) → 텍스트(text) → 이미지(image) → 나눔/공감 (exchange/share)

비주얼씽킹

© dong2

    비주얼씽킹이라고 해서 너무 비주얼적인 면에 치우치지 않았으면 한다. 비주얼씽킹이라는 말처럼 생각을 글과 그림으로 표현하는 활동이기 때문에 중요한 것은 생각을 정리하는 것이다. 또한 창조적인 것에 너무 치중한 나머지 다른 사람들이 알 수 없게 표현하는 것은 비주얼씽킹이 아니라 예술 작품이다.

    비주얼씽킹은 캠코더와 같다. 필자는 동영상을 촬영·편집하는 활동을 많이 했는데, 좋은 캠코더를 가지고 있었지만 훌륭한 작품을 만들 수는 없었다. 이처럼 비주얼씽킹이라는 좋은 도구를 잘 활용하여 학생들의 소중함 마음, 나의 생각을 잘 표현하는 것이 중요하다. 특히, 다른 사람들과 함께 공감할 수 있는 내용을 담아내는 것이 중요하며 더 나아가 많은 사람들에게 감동을 줄 수 있는 내용이면 더 좋겠다.

비주얼씽킹은 갑자기 늘지 않는다. 비주얼로 표현하는 능력이 늘지 않더라도 좌절하지 않았으면 한다. 매일 조금씩 실천하면 습관으로 이어지고 어느 순간 비주얼로 표현하는 것에 익숙해져 있는 자신을 발견하게 된다. 필자도 처음에는 그림에 대한 두려움이 많았으나 매일 조금씩 실천한 결과 어느덧 책장 한 곳을 스케치북으로 채울 수 있게 되었다. '티끌 모아 태산'이라는 말처럼 작은 것부터 시작하여 크게 이루는 경험을 같이 했으면 한다.

비주얼씽킹은 보편적 학습설계[1]를 지향한다. 비주얼씽킹은 "수업 시간에 뒤에서 잠자는 학생", "수업 시간에 참여는 하고 있으나 관심은 늘 다른 곳에 있는 학생", "수업에 어떻게 참여해야 할지 잘 모르는 학생", "무기력한 학생"들과 함께하는 활동이다. 비주얼씽킹을 통해 학생 스스로가 자발적으로 수업에 참여하고, 재미를 느낄 수 있다.

---

1. 보편적 학습설계란 모든 학생이 교육 목표를 성취하기 위해 교육과정 계획단계부터 학생들의 다양한 차이를 고려하여 설계하는 것을 말한다(정해진, 2004).

비주얼씽킹은 교실에서 일어나는 작은 변화라고 생각한다. 비주얼씽킹은 새로운 것이 아니라 기존에 있던 활동이다. 그것을 좀 더 확대하고 여러 수업에 적용하는 것이다. 작은 교실에서 웃음소리가 늘어나고, 쉬는 시간에도 자리에 앉아 무엇인가 그리고 있는 학생들을 보고 놀라웠다. 이것이 아이들에게 의미 있는 수업이라고 생각한다. 그리고 논어에 나오는 글귀처럼 학생들과 함께 즐기시길 바란다.

> 천재는 노력하는 자를 이기지 못하고
> 노력하는 자는 즐기는 자를 이기지 못한다.
> 〈논어〉

마지막으로 가족과 같은 한빛맹학교 교직원, 깨끗한미디어를위한 교사운동(깨미동) 선생님들, 좋은교사 선생님들에게 감사의 말씀을 전합니다. 강의를 들어 주신 모든 분들과 앞으로 강의를 들어 주실 모든 분들에게 감사의 말을 전합니다. 이 책은 강의를 들어 주신 모든 분들과 함께 만든 것입니다. 또한 책 만드는 작업에 도움을 준 사랑하는 아내와 가족들, 부모님, 장모님, 그리고 하늘나라에 계시는 장인어른께 진심으로 감사의 말을 전합니다. 비주얼씽킹을 통해 작은 것에 감사할 수 있도록 해 주신 분께 감사드립니다.

김해동

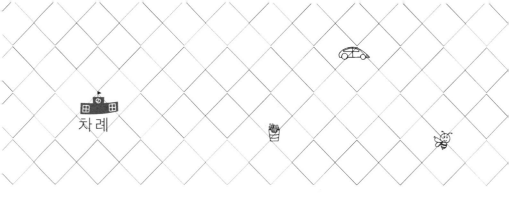

차 례

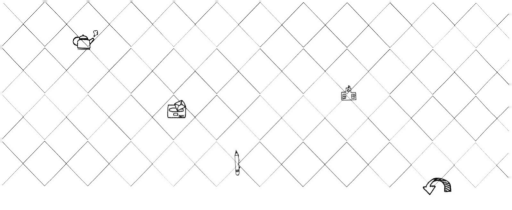

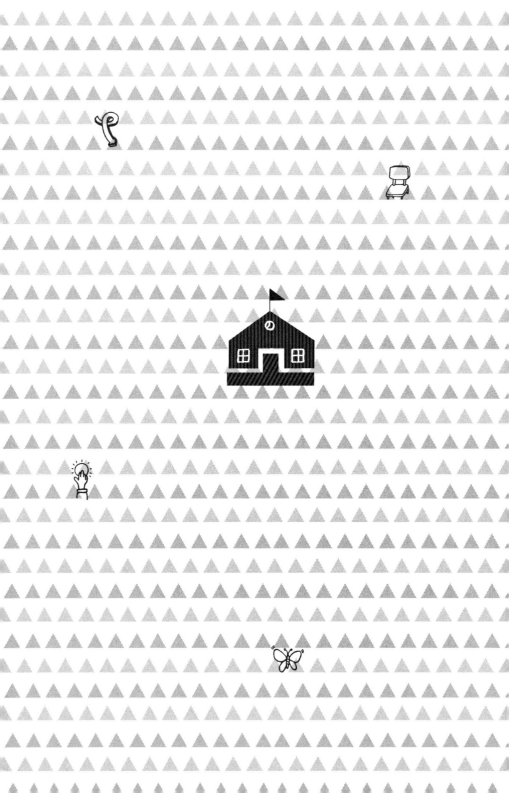

1장

그림으로 만들어내는
지식과 공유의 세계

비주얼로 되어 있다

　　과거가 텍스트의 시대였다면 현재는 비주얼 시대이다. 비주얼의 사전적 의미를 찾아보면 '시각의' 또는 '시각 자료'라고 되어 있다. 시각 자료는 우리의 일상에서도 흔히 볼 수 있다. 화장실은 화장실이라는 텍스트보다는 남자와 여자가 그려진 이미지가 대표하고 있으며, 자동차를 운전하다 보면 교통 안내 표지판을 통해 여러 가지 정보를 얻을 수 있다. 스마트폰 시대에 수많은 어플리케이션도 비주얼로 되어 있으며 그것만 보아도 어떤 기능을 하는지 쉽게 알 수 있다. 또한 트위터, 페이스북, 인스타그램, 카카오스토리, 구글플러스, 싸이월드 등 수많은 SNS에는 글과 함께 비주얼이 차지하고 있다. 이렇게 그림, 동영상 등 비주얼 자료가 많아지는 이유는 무엇일까? 첫째, 스마트 시대에 수많은 정보를 텍스트로 주고받기에는 정보의 양이 많기 때문이다. 둘째, SNS[1]에서 텍스트보다 이미지가 사용자들의 더 높은 참여와 몰입(Social Engagement)을 이끌어 내기 때문이다. 정보를 빠르고, 직관적으로, 누구나 쉽게, 공감하고, 서로 소통할 수 있는 것이 비주얼이다.

	과거	현재
정보의 양	적음	많음
정보 전달 속도	느림	빠름
정보 이동 수단	TEXT	TEXT+VISUAL
목적	정보 습득, 정보 표현	정보를 빠르게 습득, 정보를 비판적으로 정확하게 분석 누구나 쉽게 공감하게 표현

1. 페이스북에서 사진을 포함한 포스트는 사용자 몰입도('좋아요'와 '코멘트' 수로 결정)가 0.37%로, 비디오 (0.31%), 텍스트만 포함 (0.27%)한 포스트와 비교해 높은 것으로 나타났다(영국 디지털 마케팅 에이전시 Web Liquid 조사).

정보의 홍수 속에서
진짜 필요한 정보 찾기

필요한 정보 찾기

　인터넷, 모바일, SNS 등을 통해 우리는 수많은 정보들을 접할 수 있다. 스마트폰을 가지고 언제, 어디서나, 실시간으로 정보들을 확산시킬 수 있으며 자신의 일인 것처럼 '좋아요'를 누르거나 공유할 수 있다. 그러나 여기에는 두 가지 문제점이 있다. 첫째, 정보는 늘 넘쳐나고 있으며 수많은 정보가 사실인지 확인하는 데 많은 시간이 필요하다. 둘째, 일부 사람들은 인터넷의 정보들을 단순히 복사, 편집하는 활동을 하며 자신이 만든 콘텐츠처럼 생각하는데, 이것은 사람들의 창조적인 능력을 저해하고, 사고를 단순화시키는 경향이 있다. 따라서 수많은 정보들을 빠른 시간 내에 찾아, 비판적으로 분석하고, 재구조화하는 능력이 요구된다.

수많은 정보가 공유된 시대에서

— 정확한 정보를 어떻게 찾을 것인가?

— 정보를 어떻게 재구조화할 것인가?

— 메시지를 어떻게 쉽게 전달할 것인가?

— 상대방에게 어떻게 공감을 얻을 것인가?

스마트 시대에 필요한 인재는 정보를 빨리 찾아, 자기 것으로 만들고, 그것을 사람들과 협업하여 목적에 맞게 내용을 재구조화하는 것이다. 그런데, 협업을 하려면 메시지를 정확하게 수용하고 전달하는 능력을 필요로 하는데 이럴 때 유용한 기술이 비주얼씽킹이다.

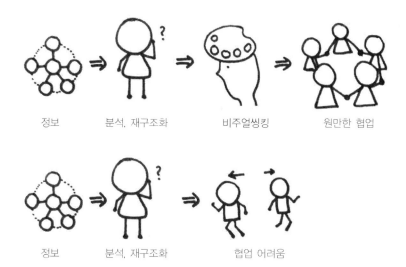

| 정보 | 분석, 재구조화 | 비주얼씽킹 | 원만한 협업 |

| 정보 | 분석, 재구조화 | 협업 어려움 |

디지털 시대 이미지 읽기와 이미지 창조하기 :
전통적 미디어에서 디지털 미디어까지

visual thinking

이미지 읽기와 창조

'리터러시'란 문자화된 기록물을 통해 지식과 정보를 획득하고 이해할 수 있는 능력을 말하는데, 전통적 미디어(신문, 라디오, 텔레비전 등) 이용자는 주로 미디어를 수용하는 입장이었다. 그러나 최근의 미디어(디지털 미디어, 스마트 미디어) 이용자는 미디어를 수용하는 입장에서 나아가 새로운 능력(디지털 리터러시 등)들을 필요로 하는 입장이다.

'디지털 리터러시'[1]는 단순히 컴퓨터를 사용할 줄 아는 능력이 아니다. 인터넷에서 찾아낸 정보의 가치를 제대로 평가할 수 있는 능력이다. 이를 위해 비판적인 사고력과 컴퓨터를 통해 다양한 출처

---

1. 이원태, 황용석, 이현주, 박남수, 오주현(2011), 디지털 컨버전스 환경에서 정보격차 해소 및 미디어 리터러시 제고방안 연구, 정보통신정책연구원

로부터 찾아낸 여러 가지 형태의 정보를 이해하고 자신의 목적에 맞는 새로운 정보로 조합해냄으로써 올바로 사용하는 능력이 필요하며, 이를 디지털 리터러시라 한다(Gilster, 1997). 디지털 리터러시는 비판적 사고를 통해 여러 가지 정보를 이해하고 목적에 맞게 정보를 구성하여 올바르게 사용해야 한다는 의미이다.

스마트 시대에는 개인이 자신의 의지만 있으면 스스로 콘텐츠를 생산하는 일이 어렵지 않게 되었다. 많은 사람들이 비주얼 정보를 보고, 느끼고, 감상하는 소비의 형태로 이용했지만 지금은 1인 미디어[2] 시대이며 개인이 콘텐츠를 창조, 생산, 유통까지 할 수 있는 시대이다. 1인 미디어 시대에 비주얼씽킹이라는 미디어는 자신만의 콘텐츠를 생산하고, 사람들과 공유하면서 나눔을 실천하는 강력한 기술이다.

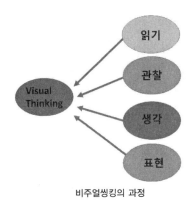

비주얼씽킹의 과정

2. 누구나 정보를 공유할 수 있는 송신자 겸 수신자의 형태를 말한다. 이렇게 1인 미디어가 발달하게 된 이유는 인터넷 환경에서 '공유, 참여, 개방'으로 축약되는 웹 2.0 개념이 확산되면서 누구나 특별한 진입 장벽 없이 정보를 생산·가공하고 의견을 자유롭게 표출할 수 있게 된 때문이다(박주현, 2012).

픽토그램[pictogram]

'그림(picture)'과 '전보(telegram)'의 합성어로, 국제적인 행사 등에서 주로 사용되는 그림 문자이다. 우리 주변에서 화장실, 교통 안내, 주의 등을 알리는 표지판이 해당된다. 특히 안내, 안전 유도, 화재 안전, 긴급, 금지, 경고, 주의 등을 나타내는 데 색깔과 모양이 다르다는 특징을 가지고 있다. 픽토그램은 무엇을 뜻하는지 누구든지 알 수 있는 일종의 약속이다. 즉, 세계적으로 통하는 그림 언어(그림 문자)라고 생각하면 된다. 비주얼씽킹도 픽토그램과 관련이 있다. 누구든지 알기 쉽고 이해할 수 있는 그림이 비주얼씽킹이기 때문이다.

| 비상대피소 | 비상시 깨고 여시오 | 의사 | 맹견 주의 |
| 머리 위 주의 | 인화물질 경고 | 뾰족한 물체 주의 | 밀지 마시오 |

인포그래픽[Infographics]

인포메이션 그래픽(Information graphics) 또는 뉴스 그래픽(News graphics)이라고도 한다. 정보, 자료 또는 지식의 시각적 표현이다. 정보를 구체적, 표면적, 실용적으로 전달한다는 점에서 일반적인 그림이나 사진 등과는 구별된다. 차트, 사실 박스, 지도, 다이어그램, 흐름도, 로고, 달력, 일러스트레이션, 텔레비전 프로그램 편성표 등이 넓은 의미에서 인포그래픽에 포함된다. 그러나 좀 더 특징적인 주제를 시각화하고 도표화한다는 특징이 있다.

마인드맵[mind map]

마인드맵[mind map]이란 문자 그대로 '생각의 지도'란 뜻이다. 자신의 생각을 지도 그리듯 이미지화해서 사고력, 창의력, 기억력을 한 단계 높일 수 있는 두뇌 개발 기법이다. 마인드맵의 창시자인 영국의 토니 부잔은 마인드맵[3]을 통하여 확장된 방사 사고를 할 수 있다고 한다. 즉, 마인드맵을 통해 읽고 생각하고 분석하고 기억하는 모든 것들을 마음속에 지도를 그리듯 해야 한다는 것이다. 마인드맵은 가운데를 중심으로 주 가지, 부가지, 세부 가지로 연결된다. 가지 당 하나의 키워드를 통해 생각을 확장 및 정리하는 것이 특징이다.

---

3. 토니 부잔(2010), 《토니 부잔의 마인드맵 북》, 비즈니스맵.

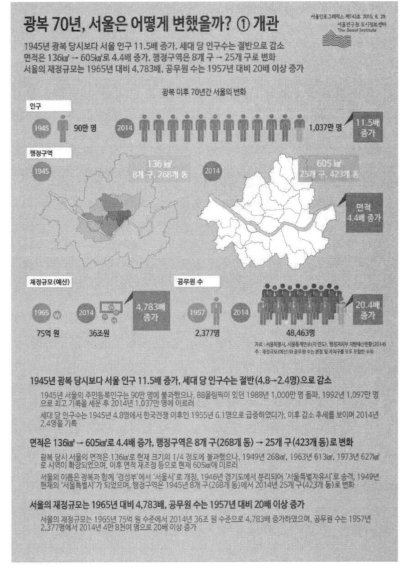

광복 70년, 서울은 어떻게 변했을까? ① 개관

서울인포그래픽스 제143호, 2015. 6. 29.
서울연구원 도시정보센터
The Seoul Institute

1945년 광복 당시보다 서울 인구 11.5배 증가, 세대 당 인구수는 절반으로 감소
면적은 136㎢ → 605㎢로 4.4배 증가, 행정구역은 8개 구 → 25개 구로 변화
서울의 재정규모는 1965년 대비 4,783배, 공무원 수는 1957년 대비 20배 이상 증가

광복 이후 70년간 서울의 변화

인구

1945 — 90만 명   2014 — 1,037만 명   11.5배 증가

행정구역

1945 — 136 ㎢ 8개 구, 268개 동   2014 — 605 ㎢ 25개 구, 423개 동   면적 4.4배 증가

재정규모(예산)

1965 — 75억 원   2014 — 36조원   4,783배 증가

공무원 수

1957 — 2,377명   2014 — 48,463명   20.4배 증가

자료 : 서울특별시, 서울통계연보(각 연도), 행정자치부 지방예산현황(2014)
주 : 재정규모(예산)와 공무원 수는 본청 및 자치구를 모두 포함한 수치

1945년 광복 당시보다 서울 인구 11.5배 증가, 세대 당 인구수는 절반(4.8→2.4명)으로 감소

1945년 서울의 주민등록인구는 90만 명에 불과했으나, 88올림픽이 있던 1988년 1,000만 명 돌파, 1992년 1,097만 명으로 최고 기록을 세운 후 2014년 1,037만 명에 이르러

세대 당 인구수는 1945년 4.8명에서 한국전쟁 이후인 1955년 6.1명으로 급증하였다가, 이후 감소 추세를 보이며 2014년 2.4명을 기록

면적은 136㎢ → 605㎢로 4.4배 증가, 행정구역은 8개 구(268개 동) → 25개 구(423개 동)로 변화

광복 당시 서울의 면적은 136㎢로 현재 크기의 1/4 정도에 불과했으나, 1949년 268㎢, 1963년 613㎢, 1973년 627㎢로 시역이 확장되었으며, 이후 면적 재조정 등으로 현재 605㎢에 이르러

서울의 이름은 광복과 함께 '경성부'에서 '서울시'로 개칭, 1946년 경기도에서 분리되어 '서울특별자유시'로 승격, 1949년 현재의 '서울특별시'가 되었으며, 행정구역은 1945년 8개 구(268개 동)에서 2014년 25개 구(423개 동)로 변화

서울의 재정규모는 1965년 대비 4,783배, 공무원 수는 1957년 대비 20배 이상 증가

서울의 재정규모는 1965년 75억 원 수준에서 2014년 36조 원 수준으로 4,783배 증가하였으며, 공무원 수는 1957년 2,377명에서 2014년 4만 8천여 명으로 20배 이상 증가

인포그래픽으로 표현한 서울특별시

비주얼씽킹, 마인드맵, 픽토그램, 인포그래픽 비교

	비주얼씽킹	마인드맵	픽토그램	인포그래픽
만드는 사람	누구나	누구나	전문가	전문가
시간	단시간	단시간	장시간	장시간
도구	종이와 펜	종이와 펜	일러스트, 포토샵 등	일러스트, 포토샵, PPT 등
방식	아날로그, 디지털	아날로그, 디지털	디지털	디지털
용도	정보제공/생각/정리	생각/정리	정보제공	정보제공
시간	단시간	단시간	장시간	장시간

공감은 다른 사람의 감정, 의견, 주장에 대하여 자기도 그렇다고 느낀다는 것이다. 비주얼씽킹, 마인드맵, 픽토그램, 인포그래픽은 공감이라는 공통점이 있다. 비주얼씽킹은 사람들에게 공감을 이끌어내는 것이 중요하다.

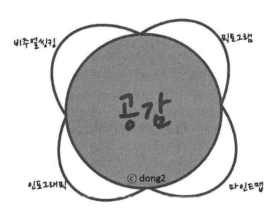

공감의 꽃－비주얼씽킹, 픽토그램, 마인드맵, 인포그래픽의 공통점

왜 생각을 하는 데
그림이 필요할까?

그림이 왜 필요할까

우리는 생각을 하거나 일을 할 때, 좌뇌를 주로 사용한다. 이성적으로 판단을 하고, 그와 관련된 단어를 찾고, 논리적으로 사고를 하고 있다. 학교에서는 특히 더 많이 사용한다. "글을 읽고, 느낌을 쓰시오.", "글을 읽고, 정리하시오." 등을 학생들에게 요구한다. 그러나 생각하는 데 꼭 텍스트만 필요한 것인가? 결론부터 이야기하자면 "아니다." 우리는 생각을 할 때 뇌에서 텍스트만 생각하지 않는다. 이미지나 보았던 상황을 함께 떠 올린다. 즉, 좌뇌와 우뇌가 동시에 활동을 하는데 과거에는 좌뇌만 사용하라고 요구했던 것이다. 좌뇌와 우뇌를 동시에 사용하면 그만큼 기억력도 높아지고, 생각을 정리하는 데도 도움이 많이 된다.

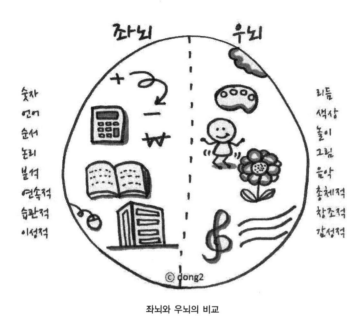

좌뇌와 우뇌의 비교

　텍스트만을 생각하며 공부를 하는 것이 효과적일까? 텍스트와 이미지를 동시에 생각하는 것이 학습에 효과적일까? 스탠포드대학의 로버트 혼(Robert Horn) 교수의 연구 결과에 따르면 듣고 기억된 정보는 시간이 지나면 15% 정도만 기억에 남게 되지만 이미지와 함께 기억된 정보는 89% 정도나 남는다고 한다. 이처럼 필요한 정보를 기억하고, 재생하는 데 비주얼은 없어서는 안 될 필수 요소이다.

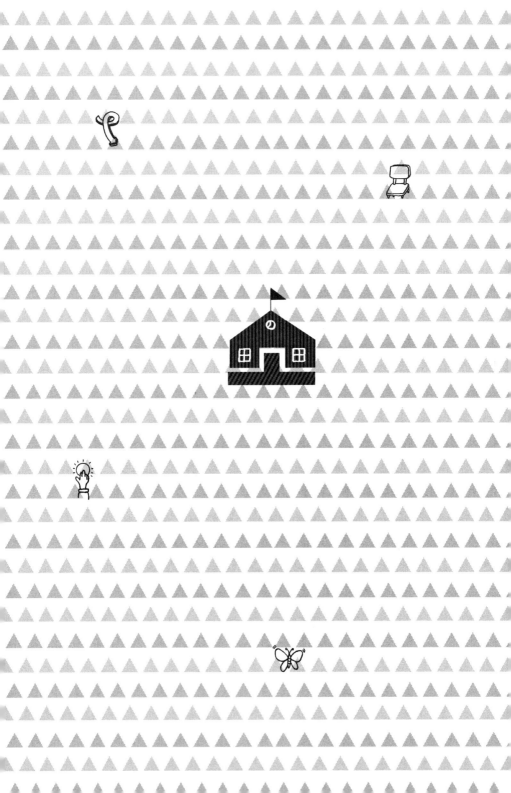

2장

창의적인 생각 그리기, 비주얼씽킹 Visual thinking

비주얼씽킹 (Visual thinking)이란?

⌢ visual thinking

비주얼씽킹이란

 자신의 생각을 글과 이미지 등을 통해 체계화하고 기억력과 이해력을 키우는 시각적 사고 방법이다. 자신의 생각을 글과 그림(스케치, 아이콘, 도표 등)으로 표현하고 사람들과 함께 공감하며 나누는 것이다.

비주얼씽킹 전	비주얼씽킹 후
1. 생각을 글씨로 표현	1. 생각을 글과 그림으로 표현
2. 복잡함	2. 단순함
3. 공감하는 부분이 적음	3. 공감
4. 개념적	4. 직관적
5. 계층적 (고립적)	5. 유니버설
6. 이성적	6. 감성적
7. 오류 많음	7. 오류 적음

비주얼씽킹 전   비주얼씽킹 후
복잡   단순
논리적   감성적
분석적   총체적
일반적   특별한
수동적   능동적
글자   글자+이미지
비매력적   매력적
재미없음   재미있음

비주얼씽킹을 하기 전에는 복잡하고, 어렵고, 재미없고, 소통이 어려웠던 문제가 비주얼씽킹을 통해 단순하고, 감성적, 총체적, 능동적, 매력적, 특별하고, 재미있는 것으로 바뀌게 된다.

필자는 학교에서 홈페이지 업무를 담당하고 있는데 홈페이지를 만들거나 수정할 때도 텍스트나 대화만으로는 서로가 소통하기가 어려운 경험을 많이 하였다. 예를 들면 게시판을 설치하더라도 정확한 위치를 비주얼로 표현하는 경우는 오류가 적었으나 텍스트만으로 소통하는 경우는 오류가 많아서 몇 번씩 다시 작업을 하는 경험을 했다.

비주얼씽킹의 역사

　고대 시대 벽화에 쓰여 있는 상형문자(글과 그림)를 볼 수 있다. 사람들이 서로 소통하기를 원할 때 쉽게 이해할 수 있는 것이 그림이었다. 조선 시대 정조가 화성을 건설할 때 사용했던 거중기도 그림을 통해 자세하게 설명되고 있다. 옛 선조들도 그림을 통해서 여러 가지 의사소통을 했던 것이다. 초등학교 때로 돌아가 보면 학교에서 흔히 그리던 불조심 포스터도 같은 맥락에 있다. 그 당시에는 그림을 중요시하였고 자신의 생각을 그림으로 표현하는 시기였다.

　학교에서 비주얼씽킹과 관련된 부분을 찾아보면 사회과부도를 예로 들 수 있다. 사회과부도를 보면 범례가 나오는데, 이 역시 사람들이 누구든지 쉽게 알 수 있는 그림으로 표현되어 있다. 이처럼 비주얼씽킹은 오래전부터 현재까지 사람들의 소통 수단으로 이어져 온

것으로 넓게 생각할 수 있다.

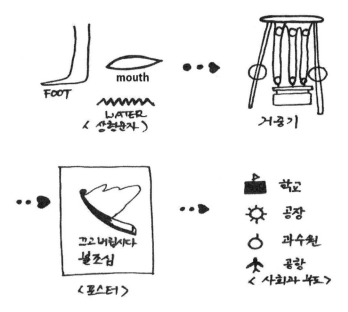

비주얼씽킹의 역사 흐름

두뇌와 마음의 발달

1. 아이들에게 심리적으로 안정감을 준다.

심리적 안정

비주얼씽킹은 자신의 감정을 그림으로 표현하기 때문에 정서적으로 안정감을 준다. 필자가 담임을 맡던 중, 한 학생이 정서적으로 매우 불안해 하였다. 그래서 학생의 마음을 비주얼씽킹으로 표현하는 활동을 가르쳐주었다. 그 후 그 학생의 태도가 적극적으로 변화하고, 학교생활도 전보다 안정적으로 변하는 모습을 볼 수 있었다.

2. 관찰, 탐구하는 능력이 발달하게 된다.

관찰 및 탐구

사물을 그리거나 텍스트를 비주얼로 표현할 때 우리는 대상을 관찰하게 된다. 컵, 연필, 종이, 책상 등 자기 주변의 사물부터 멀리 떨어진 사물까지 관찰하게 된다. 또한 사람을 관찰하게 되고, 사람의 내면을 살피는 활동으로도 이어질 수 있다. 이처럼 비주얼씽킹을 통해 관찰, 탐구하는 능력을 향상시킬 수 있다.

3. 다른 사람과 공감할 수 있다.

공감

비주얼씽킹에서는 그림을 그리는 것도 중요하지만 다른 사람과 함께 이야기를 나누며 공감하는 것이 중요하다. 그림을 잘 그리는 것이 아니라 '이야기를 어떻게 만들어 갈 것인가?', '표현을 어떻게 할 것인가?', '어떻게 이야기를 들어주고, 공감할 것인가?' 생각하는 자세가 중요하다.

4. 생각을 많이 하게 된다.

생각을 많이 함

비주얼씽킹을 하기 위해서는 몇 가지 과정을 거치게 된다. 주제, 텍스트, 키워드, 비주얼로 표현, 레이아웃 등을 생각하게 된다. 특히 "텍스트를 어떻게 비주얼로 바꿀 것인가?"에 대해서 많이 고민하게 된다. 자연스럽게 생각하는 시간이 많아지게 된다.

5. 쉽게 이해가 된다.

쉽게 이해가 됨

비주얼씽킹을 통해 그림 한 장으로 몇십 장 이상의 책, 계획서, 광고, 강의 등을 표현할 수 있다. 그리고 종이 한 장을 보고서 누구든지 주제를 쉽게 파악할 수 있다. 특히, 학생들에게 개념이나 이해가 어려운 주제도 쉽게 이해할 수 있도록 해준다.

6. 창의성이 향상된다.

창의성 향상

오즈보온(Osborn, 1993)[1]은 창의성이란 이미 알고 있는 어떤 것들이나 과거의 경험을 재결합하여 새로운 어떤 것을 만들어내는 과정이라고 하였다.

이동원[2]은 시각적 표현이 좌뇌와 우뇌의 협응을 최대한 이끌어내어 새로운 아이디어를 창출하거나 표현하는 것을 용이하게 하여 창의성을 높이는 효과가 있다고 하였다.

1. 알렉스 오즈보온 저, 이정빈 역(1993), 《현대를 지배하는 아이디어 맨》, 지성문화사.
2. 이동원(2009), 《창의성 교육의 실천적 접근》, 교육과학사.

비주얼씽킹과
마인드맵의 차이

visual thinking

마인드맵과의 차이

비주얼씽킹 강의를 하면서 필자가 가장 많이 받은 질문은 "마인드맵과 비주얼씽킹의 차이가 무엇입니까?"였다. 정말 많은 사람들이 물어 보았으며 그래서 필자는 마인드맵과 비주얼씽킹의 차이점에 대하여 생각하게 되었고 이를 비주얼씽킹 해보았다.

마인드맵과 비주얼씽킹을 비교해보면 다음과 같다.

마인드맵은 생각을 목록화하여 정리하는 것이다. 비주얼씽킹은 생각을 정리하여 다른 사람들과 생각을 이야기함으로써 마인드맵보다 더 적극적인 표현 방법이다. 마인드맵은 중심 이미지를 구체화하면서 방사형 구조를 가지고 있으나 비주얼씽킹은 다양한 형태의 레이아웃으로 표현할 수 있다. 마인드맵은 폴더이고, 비주얼씽킹은 폴더를 꺼내어 이야기하는 것이다.

마인드맵과 비주얼씽킹 비교 표

	마인드맵	비주얼씽킹
의미	생각 지도 방사형 사고를 표현	생각을 글과 그림으로 표현하여 공유하기
레이아웃	중심 이미지에 구체화 (대체로 가운데 중심 키워드나 이미지를 바탕으로 방사형으로 뻗어 나가는 구조 를 가짐)	여러 가지 레이아웃을 사용할 수 있음
구성	주로 키워드를 사용(글, 그림) 상위 가지와 하위 가지로 구분	글, 그림
특징	주로 개인의 생각을 정리 (폴더)	공유하는 힘이 큼 (폴더+이야기)

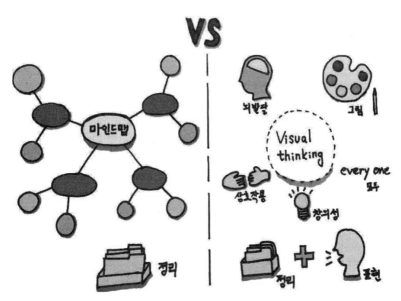

마인드맵과 비주얼씽킹 비교

교육적 활용

학생들에게 비주얼씽킹이 왜 필요할까?

첫째, 능동적인 학습이 가능하다는 것이다. 대부분의 학생들은 텍스트 중심의 교과서로 공부하는 데 힘들어한다. 물론 교과서에는 글과 그림이 함께 있지만 기존의 교과서는 글과 이미지를 수동적으로 받아들이고 수용하는 데 머물러 있다. 하지만 비주얼씽킹으로는 학생 스스로가 교과서의 내용을 이해하고, 자신의 생각을 정리하여 글과 그림으로 표현하기 때문에 능동적인 수업 참여가 가능하다.

둘째, 요약 및 정리를 체계적으로 할 수 있다. 학생들은 수업 중에 학습내용을 정리하게 된다. 그러나 텍스트 중심의 정리로는 쉽게 잊어버린다는 단점이 있다. 앞에서도 이야기했지만 스탠포드대학의 로버트 혼 교수의 연구 결과에 따르면 듣고 기억된 정보는 시간이 지나면 15% 정도만 기억에 남게 되지만 이미지와 함께 기억된 정보는 89% 정도나 남게 된다고 한다. 이처럼 학생들이 스스로 공부할 때 학습내용을 요약하고, 정리하는 데 효과적이다.

셋째, 자신을 정확하게 보고, 미래를 설계할 수 있다. 학생들은 일기 쓰기, 버킷리스트[1], 인생 목표 등을 통해 자신을 돌아보고, 점검하여 미래를 설계한다. 그러나 지금까지는 대부분 텍스트 위주로 표현이었다. 비주얼씽킹으로 표현하면 미래의 모습을 구체적으로 그리게 되어 자신의 미래를 명확하게 설계할 수 있다.

넷째, 추상적인 개념을 구체적으로 만들어 준다. 학교의 교육내용 중에는 추상적인 개념을 이해해야 할 때가 있는데 추상적인 개념을 시각적으로 표현하는 것이 쉽지 않다. 하지만 비주얼씽킹을 통해 자신의 시각언어로 생각하고 표현함으로써 지식을 재구조화하게 된다. 이러한 활동을 통해서 추상적인 것을 구체적으로 만들 수 있다.

다섯째, 또래와의 상호작용, 소통을 원활하게 해준다. 수업 중에 모둠 활동을 많이 하면 소외되거나 일부 학생만 주도적으로 참여하는 경우가 나타나게 된다. 그러나 비주얼씽킹을 하게 되면 함께 생각을 정리하게 되고, 서로 협력하는 모습이 많이 나타나게 된다. 또한 모둠끼리 의사소통이 비주얼로 이루어지기 때문에 오해하거나

---

1. 버킷리스트(bucket list)란 죽기 전에 꼭 해보고 싶은 일과 보고 싶은 것들을 적은 목록을 가리킨다. '죽다'라는 뜻으로 쓰이는 속어인 '킥 더 버킷(kick the bucket)'으로부터 만들어진 말이다(두산백과).

소통의 오류가 적다.

선생님들에게 비주얼씽킹이 왜 필요할까?

첫째, 학생들에게 교육내용을 쉽게 전달하기 위해서이다. 선생님들은 교과 내용, 창의, 인성, 생활 등을 교육한다. 선생님들은 학생들에게 쉽게 설명하고 전달하려고 하지만 학생들은 쉽게 집중하지 못하고 수업 시간에 다른 생각들을 하게 된다. 선생님들은 '학생들이 어떻게 하면 모두 학습목표에 도달할 수 있을까?'라는 고민을 하게 된다. 비주얼씽킹을 통해 내용을 정리해서 학생들에게 제공해 주면, 학생들은 쉽게 이해하고 학습내용을 정확하게 읽을 수 있다. 또한 학생들에게 학습내용을 비주얼씽킹으로 정리하게 하여 학습의 능률을 높이게 할 수 있다.

둘째, 교사는 학생들을 위해서 여러 가지 학습 자료를 찾게 된다. 그러나 수많은 학습 자료 중에서 자기 반 학생들에게 필요한 학습 자료를 찾기란 생각처럼 쉽지 않다. 필자는 일러스트 자료를 찾아 시각장애 학생들에게 입체복사기[2]를 이용하여 학습 자료로 제공해 주기도 한다. 그런데 문제는 학습 주제와 관련된 이미지를 찾는 데 보통 1시간 넘게 걸리는 경우가 많다는 것이다. 설령, 주제와 관련

---

2. 입체복사기란 시각장애인들이 촉각으로 정보를 얻을 수 있도록 하는 것이다. 검정색으로 표현된 부분이 입체복사기와 입체복사용지를 이용하면 부풀어 올라 시각장애 학생들이 촉각으로 정보를 얻게 된다.

된 자료를 찾더라도 편집하는 데 시간을 들여야 했다. 이럴 때 비주얼씽킹을 하면 필요한 학습 자료를 짧은 시간에 만들 수 있다.

셋째, 학교의 업무를 원활하게 할 수 있다. 학교에서는 수많은 회의를 하게 된다. 수많은 회의에서 부서 간의 입장 차이를 보이거나 생각하는 교육철학이 조금씩 다른 경우가 있다. 이럴 때 부서 간의 이해관계나 입장 차이를 줄이고, 다른 선생님을 설득하거나 이해시킬 때 도움이 되는 것이 비주얼씽킹이다.

넷째, 교사와 학생 간의 소통이 필요하기 때문이다. 교사와 학생이 학급 안에 있으면서도 서로 오해하고, 관계가 쉽게 정리되지 않을 때가 있다. 그럴 때 교사는 비주얼씽킹으로 마음을 표현하고, 학생 또한 선생님에게 하지 못한 이야기를 비주얼씽킹으로 표현하면서 조금씩 마음의 문을 열게 된다. 이렇게 함으로써 교사와 학생 간의 관계가 좀 더 원만해 질 수 있다.

다섯째, 새 학년이 되면 교사들은 학급을 꾸미는 데 많은 시간을 투자 하게 된다. 이럴 때 비주얼씽킹을 이용하면 딱딱했던 교실의 분위기를 좀 더 부드럽게 만들 수 있다. 특히 일부 학생과 교사만 참여하는 것이 아니라 학생들이 각자 표현한 비주얼씽킹 작품들을 교실에 비치하면 학생들은 여러 가지 생각을 발산하게 된다. 또한 서로의 표현에 대해 질의응답 함으로써 학급을 소통의 장으로 운영할 수 있게 된다.

필요한 도구

종이 고르는 방법

종이는 220g/㎡이상의 종이를 추천한다. 이유는 마커로 음영을 넣다보면 220g/㎡보다 얇은 종이는 뒷장에 잉크가 묻어나기 때문이다. 가능한 220g/㎡ 정도의 스케치북(A4사이즈) 사용을 추천한다. 그러나 교실의 환경에서는 두꺼운 스케치북을 사용할 수 없는 경우가 많다. 이럴 때에는 우리 주변에서 흔히 볼 수 있는 종합장을 이용해도 된다. 종합장은 크기가 크지 않고, 두께(약 150g/㎡)도 적당하다. 무엇보다 저렴하고 주변에서 흔히 구할 수 있기 때문에 필자는 종합장을 교육용으로 이용한다.

이동하면서 비주얼씽킹을 하기 위해서는 손바닥만한 크기의 수첩(A5)을 추천한다. 수첩은 휴대가 편리하고, 수첩을 양쪽으로 펼치면

A4 사이즈로 되기 때문에 아이디어를 충분히 그릴 수 있다. 150g/㎡ 이상의 두께로 된 수첩에 피그먼트펜을 사용해서 작성하기를 바란다. 만약 조그만 수첩이 없다면 앞에서 언급한 스케치북(A4사이즈, 150g/㎡이상) 사용을 추천한다.

 펜은 자신에게 맞는 것을 이용하면 된다. 연필, 색연필, 볼펜, 수성펜, 유성펜, 피그먼트펜 등 주변에 있는 것을 이용하면 된다. 펜마다 가지고 있는 특징이 다르기 때문에 펜의 특징을 잘 알고 사용하면 되겠다. 피그먼트펜은 수성펜이지만 사용한 후 몇 분이 지나면 말라버려 물이 묻어도 번지지 않는 장점이 있다. 단점이라면 가격이 조금 비싼 편이다.

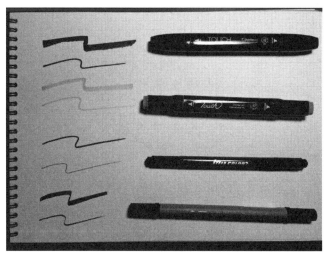

여러 가지 펜

비주얼씽킹(Visual thinking)의
6단계

↶ visual thinking

비주얼씽킹 6단계

비주얼씽킹을 잘하기 위해서는 몇 가지 단계를 거치게 되는데 단계를 참고하여 비주얼씽킹을 하면 좀 더 익숙해 질 것이다.

단계	수업 활동
1. 주제 정하기	교사는 학생들에게 학습 과제 제시 문제 상황 제시 및 설명
2. 핵심 단어 찾기	학습 과제 핵심 단어 읽어보기 핵심 단어 밑줄 긋기 핵심 단어 찾아 정리하기
3. 이미지와 프레임 정하기	핵심 단어와 관련 있는 이미지 생각하기 이미지 찾기 레이아웃 정하기
4. 그리기	핵심 키워드 → 비주얼로 표현하기 레이아웃에 맞게 표현하기
5. 점검하기	불필요한 그림 확인하기 그림 수정하기
6. 공유하기	사람들과 공감하기 사람들과 서로 이야기 나누기

비주얼씽킹은 주제 정하기, 핵심 단어 찾기, 떠오르는 이미지와 작성할 프레임 생각하기, 점검하기, 공유하기 과정을 거치게 된다. 쉽게 표현하면 주제에 맞게 요약을 하여 비주얼로 표현하는 과정이다. 비주얼씽킹을 시작할 때는 비주얼로 표현하는 것이 쉽지 않다. 이유는 생각한 것을 바로 비주얼로 표현하고 싶은데 쉽게 떠오르지 않는 경우가 종종 있기 때문이다. 그러나 비주얼씽킹이 익숙해지면 핵심 내용을 바로 글과 그림으로 표현할 수 있다. 또한 학생들과 함께 비주얼씽킹을 하려면 비주얼씽킹에 익숙해지는 단계가 필요하기 때문에 이름 표현하기, 좋아하는 것 표현하기 등을 통해 흥미를 갖도록 한다.

비주얼씽킹 6단계

3장

비주얼씽킹 Visual thinking에
사용되는 시각언어

비주얼씽킹
기본 요소

 visual thinking

비주얼씽킹 기본 요소

	비주얼씽킹 단어	비주얼씽킹 문장	비주얼씽킹 문단
내용	사물 관찰	간단한 생각 표현	스토리, 주제 표현
시간	5분 이내	15분 이내	30분 이내
작업	주변 사물	자신의 생각	강연, 책
활동	간단한 도형, 사물, 리본, 배너, 제목, 말풍선	나의 이름 표현하기, 사람, 단어 맞추기	학습내용, 학습 자료, 연수 자료, 홍보 자료

비주얼씽킹 단어

그림 단어이다. 단순한 사물이나 표시 등이 이에 해당되며 사물의 특징을 잘 찾아 그리는 것이 중요하다.

비주얼씽킹 문장

몇 개의 그림 단어가 모여 하나의 정보의 흐름을 나타낸다. 예를 들면 과제 분석, 만들기 방법, 시간에 따른 흐름도 등이다. 비주얼 단어에 연결선, 화살표 등을 이용하면 좀 더 자연스러운 비주얼 문장이 된다.

비주얼씽킹 문단

비주얼 문장이 모여서 비주얼 문단이 만들어진다. 주로 책, 강의, 수업 내용을 한 장으로 표현해야 하는 경우이다. 한 장에 함축적인 내용이 포함되기 때문에 레이아웃이 중요하다.

비주얼씽킹 단어를 익히고, 문장을 만들고, 문단을 만드는 단계를 지나게 되면 자신이 생각한 것들을 자연스럽게 표현할 수 있다. 영유아를 관찰해 보면, 아이는 언어를 배우기 위해 수많은 반복을 통해 언어를 익힌다. 이처럼 비주얼씽킹의 언어를 익히기 위해서는 반복적으로 연습 하는 것이 필요하며 무엇보다도 자신이 좋아하는 것을 찾아 하나씩 표현하면 된다. 그러다 보면 나만의 비주얼씽킹 단어집이 만들어지게 되고 생각나는 것들을 비주얼씽킹 단어집을 통해 바로 표현할 수 있게 된다.

도형익히기

비주얼씽킹의 기본은 점, 선, 삼각형, 사각형, 원을 이용하는 것이다. 점, 선, 삼각형, 사각형, 원을 잘 이용하면 여러 가지 멋진 그림을 표현할 수 있다. 처음에는 원으로 그리는 것이 쉽지 않지만 조금만 반복하면 손쉽게 원을 그릴 수 있다.

| 점 | 선 | 곡선 | 스프링 |
| 원 | 삼각형 | 사각형 | 별 |

하트	구름	달	물
태양	태양2	나뭇잎	나무
육각형	물음표	느낌표	이끼
태극	꽃	무늬	눈

전구 그리기

전구는 많이 쓰이는 비주얼 단어이다. 처음에 원을 그리고 네모 그리고, 빛을 표현하기 위해 선을 그려주면, 불이 켜져 있는 전구가 된다. 그 후에 그림자만 넣으면 훨씬 멋진 그림이 된다. 참고로 전구는 빛이나 전기의 의미로도 사용되지만 아이디어라는 의미로도 많이 사용된다.

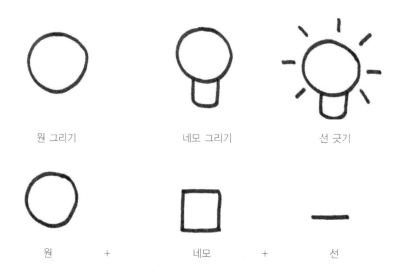

원 그리기	네모 그리기	선 긋기
원 +	네모 +	선

컵 그리기

원   컵 모양   내용물 채우기   그림자, 빨대

연필 그리기

네모   세모+네모   연필심   그림자

팁 그림자를 넣어 줄 때에는 빛의 시작점을 생각하여 그림의 아래 오른쪽, 아래 왼쪽으로 그려 주는 것이 좋다.

표시 :
화살표, 배너, 제목, 말풍선

 visual thinking

화살표, 배너 표현하기

화살표 그리기

화살표는 우리 주변에서 흔히 볼 수 있는 도형이다. 화살표는 특히 흐름을 설명하거나 강조를 할 때 유용하게 이용된다. 화살표는 기본적으로 사각형과 삼각형을 이용해서 쉽게 표현할 수 있다. 그 밖에 점선을 이용하거나 동그라미를 이용해서도 화살표를 만들 수 있다. 중요한 것은 화살표의 방향, 입체성, 그림자이다. 다음의 화살표를 참고하여 화살표를 만들어 보자.

일반 화살표   변형 화살표   꼬리가 있는 화살표   입체 화살표

상승 화살표   선 화살표   점 화살표   방향 화살표

하강 화살표   재생 화살표   회오리 모양 화살표   구부러진 화살표

순환 화살표   우 분산 화살표   화살 모양 화살표   버튼 화살표

손가락 화살표   점선 화살표   스티치 모양 화살표   재생 화살표2

흐름 화살표   진행 화살표

리본 및 배너 그리기

배너는 제목이나 메시지를 강조하기 위해 사용된다. 사람들은 일반적으로 배너 안쪽 문장에 집중하는 경향이 있다. 따라서 배너를 효과적으로 사용하게 되면 핵심 주제를 잘 전달할 수 있으며 표현을 멋지게 하는 효과도 있다.

기본 배너는 ① 네모 모양 그리기 ② 접히는 부분을 그리기 ③ 나머지 부분 그리기(마무리 부분은 둥글게 그릴 수도 있으며 자신이 좋아하는 스타일로 그리기) ④ 그림자 넣기(이러한 방법으로 배너를 만들면 단순하면서 멋진 배너가 만들어 짐) 순서로 그린다.

① 네모 모양을 그린다.

② 접히는 부분을 그린다.

③ 나머지 부분을 그린다.

④ 그림자를 넣어 준다.

여러 가지 배너 중에 자신이 원하는 모양을 골라 자주 그려 본다. 가장 좋은 방법은 자신의 비주얼씽킹 노트에 배너를 그리는 것이다.

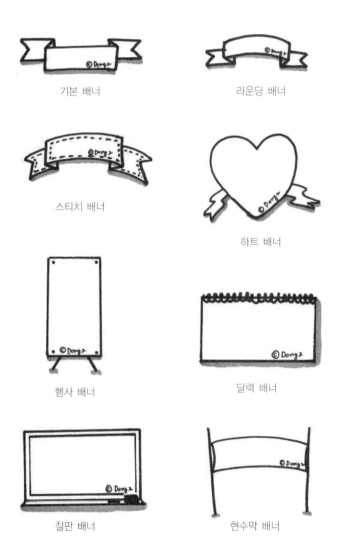

기본 배너

라운딩 배너

스티치 배너

하트 배너

행사 배너

달력 배너

칠판 배너

현수막 배너

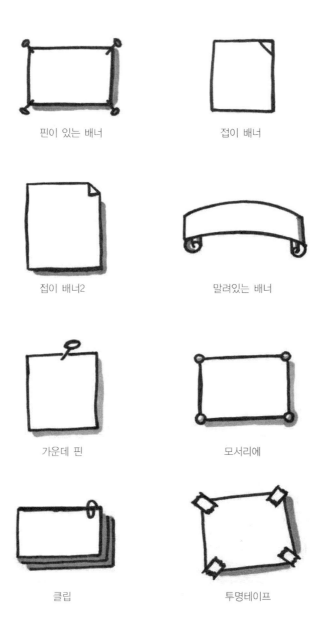

핀이 있는 배너

접이 배너

접이 배너2

말려있는 배너

가운데 핀

모서리에

클립

투명테이프

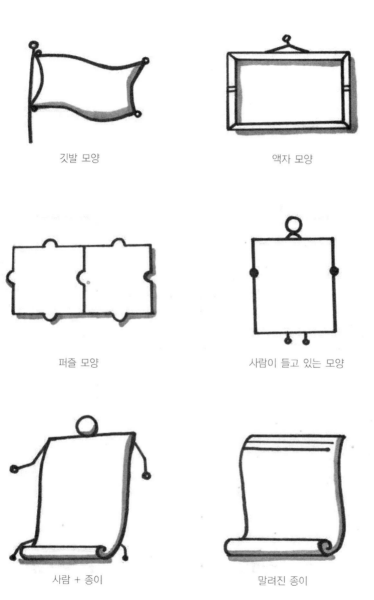

깃발 모양

액자 모양

퍼즐 모양

사람이 들고 있는 모양

사람 + 종이

말려진 종이

제목(타이틀) 그리기

제목은 자신이 좋아하는 스타일로 만들어 사용하면 된다. 전체적인 레이아웃과 맞추어서 작성하는 것이 좋다.

여러 가지 제목

팁 음영색의 선택도 자유롭게 한다. 꼭 회색일 필요는 없으며 자신이 원하는 색을 찾아 그려준다. 마카가 없을 때에는 임시로 형광펜을 이용할 수 있다.

말풍선 그리기

　말풍선은 대화를 설명할 수도 있으며 여러 가지 사람의 상황이나 감정을 표현하기도 한다. 말풍선을 통해 여러 가지 상황을 자연스럽게 표현하면 된다. 말풍선 안에 텍스트를 써도 되지만 비주얼로 표현하면 자연스럽고, 강조하는 효과를 나타낼 수 있다.

기본 말풍선	네모	상상	접힌 네모
구름	회상	놀란	희미한
공동 의견	네모 2	별 말풍선	

사람 표현하기

사람

사람을 표현하는 것은 생각만큼 쉽지 않다. 이유는 사람에게는 표정과 움직임, 곡선, 잔주름이 많기 때문이다. 그만큼 표현할 부분이 많다. 그러나 비주얼씽킹에서 표현할 부분은 사람의 형태와 동작 부분이다. 사람의 동작은 자신이 직접 동작을 해보고, 그 모습을 참고하면서 그리면 된다. 그러나 사람의 감정과 얼굴 표정은 비주얼씽킹이 어느 정도 익숙해진 후에 표현하기를 권장한다.

사람을 그리는 순서는 얼굴을 그리고, 몸통을 붙이고, 팔과 다리를 붙이는 작업이다. 물론, 몸통을 그리고 얼굴을 그려도 된다. 주목해야 할 부분은 팔과 다리의 주요 관절을 표현하는 것이다. 사람의 주요 관절을 표현하면 사람의 활동 모습이 자연스럽게 보이기 때문이다.

사람 그리기 순서

사람 그릴 때 주의할 점

1. 몸은 삼각형, 사각형, 원 등으로 그린다. 몸을 삼각형, 사각형, 원
   으로 그리는 이유는 팔과 다리를 자유롭게 그릴 수 있으며 스틱맨
   처럼 선으로 그리는 것보다는 표현이 풍부해지기 때문이다.

2. 팔과 다리에 관절을 표현한다. 팔에 팔꿈치, 다리에 무릎 정도
   의 관절을 표현해 주어야 그림이 풍부해진다.

3. 몸통과 어깨는 붙어 있게 한다. 팔의 위치는 어깨에 있는 것이
   자연스럽다.

목이 너무 길다   팔이 아래에 있다   얼굴과 몸통이   보통의 그림
                                              떨어져 있다

4. 그림자는 얼굴, 몸통, 바닥에 넣는 것이 좋다. 몸통은 그림자를 어떻게 넣느냐에 따라 입체성이 표현된다.

5. 사람을 그릴 때 얼굴과 몸통 부분이 떨어지면 안 된다. 얼굴과 몸통이 떨어지게 되면 사람처럼 보이지 않는다.

6. 팔의 위치를 잘 그려야 한다. 팔의 위치를 너무 낮게 그리면 이상하게 보인다.

> 팁 비주얼씽킹을 처음 하는 분은 얼굴의 표정을 안 넣어도 된다. 표정을 그리는 것은 연습이 필요하기에 비주얼씽킹 초창기에는 사람의 동작 위주로 표현하고, 비주얼씽킹이 익숙해진 후에 표정을 넣는 것이 좋다.

인체 비율

사람을 표현할 때 성인은 머리, 몸통, 다리를 1:1:1의 비율로 그리면 된다. 어린이나 유아의 경우는 머리, 몸과 다리의 비율을 1:1로 그리면 된다.

신체 부위

신체의 특정 부분을 자세하게 설명하거나 강조할 때 주로 이용된다. 특히 과학, 체육, 보건 교과에서 많이 활용된다. 신체는 또한 '건강'을 표현할 때도 자주 이용된다.

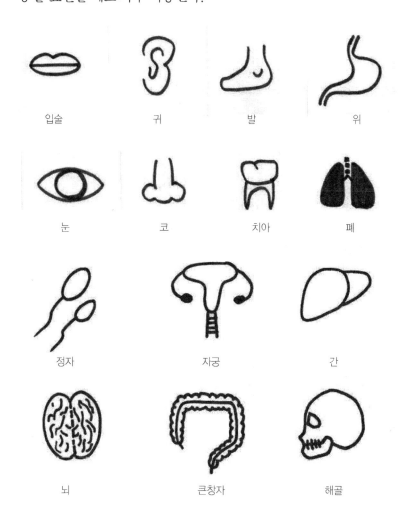

입술   귀   발   위

눈   코   치아   폐

정자   자궁   간

뇌   큰창자   해골

손 모양

손은 신체에서 많이 나오는 부분 중에 하나로 여러 가지 의사소통, 감정, 행동 등을 표현하는 데 주로 사용된다. '최고', '박수', '악수' 등은 비주얼씽킹에서 많이 쓰이는 손동작이다.

우리는 하나   최고   박수   오케이

악수   손씻기   손가락 부상   쓰기

두 개   버튼 터치   최하   손 모으기

얼굴 표정

얼굴 표정은 메신저 이모티콘, 아이콘에서 많이 보게 된다. 그러나 비주얼씽킹을 처음 접하는 독자는 비주얼씽킹이 어느 정도 익숙해진 후에 표현하기를 권장한다.

웃기   안경 쓴 모습   놀람

삐침   슬픔   화남

사랑에 빠짐   하품   즐거움

침묵   메롱   곤란

성별

　남성과 여성은 보통 몸의 형태로 구분하여 표현한다. 남자는 네모, 여자는 세모로 그려서 표현한 경우가 많다. 좀 더 사람을 멋지게 그리려면 몸통을 원통이나 원뿔로 그린다. 입체감이 느껴져좀 더 멋지게 보인다.

남성　　　　　　　　　　여성

남성　　　　　　　　　　여성

국가

몸통에 나라의 국기 모양을 넣어서 서로 다른 나라의 사람임을 표현할 수도 있다.

국가별 캐릭터 그림

직업

직업은 사람 옆에 소품이나 상징적인 건물을 그려 넣어 표현하면 된다. 소품을 적절하게 배치하는 것이 포인트다.

의사　　　　　목사　　　　　소방수　　　　　경찰

경찰　　　　　요리사　　　　　판사　　　　　매니저

세탁하는 사람　　　　　농부　　　　　조경사　　　　　어부

가족

어른은 머리 : 몸통 : 다리의 비율을 1:1:1, 아이는 머리 : 몸통+다리 비율을 1:1로 표현하면 된다. 아이는 어른보다 작게 그리며 아이 옆에 풍선이나 유모차를 그리면 좀 더 효과적으로 표현된다. 할아버지와 할머니를 그릴 때는 지팡이를 그려 넣는 것이 포인트다.

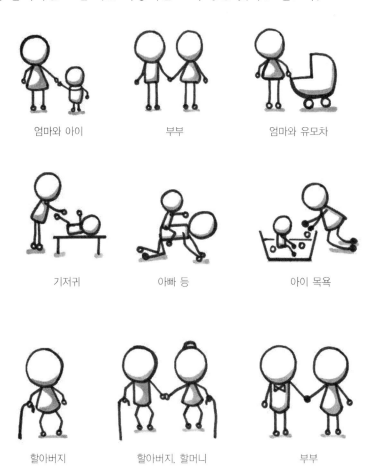

| 엄마와 아이 | 부부 | 엄마와 유모차 |

| 기저귀 | 아빠 등 | 아이 목욕 |

| 할아버지 | 할아버지, 할머니 | 부부 |

취미

취미에는 다양한 것들이 있다. 취미를 표현할 때 사람 옆에 소품을 그리고 취미와 관련된 동작을 보여주는 것이 효과적이다.

그림 그리기	분재 가꾸기	스케이트 보드	연날리기
잠수	채집	낚시	물 주기
악기 연주	노래 부르기	킥보드	음악 감상

스포츠

스포츠에는 여러 가지 종목들이 있기 때문에 다양한 사람의 활동
모습을 그릴 수 있다. 특히 체육 교과에 자주 사용할 수 있다. 실제
로 학생들은 체조나, 기초동작을 배울 때 "동작들을 쉽게 이해할 수
있었다."고 말했다.

| 조정 | 다이빙 | 수영 | 양궁 |

| 역도 | 훌라후프 | 허들 | 야구 |

| 배구 | 골프 | 마라톤 | 아이스하키 |

상황

여러 가지 화살표 등을 이용하거나 소품 및 지형을 이용하여 사람의 상황을 표현할 수 있다. 특히 물음표나 느낌표, 사람의 동작 방향을 통해 다양하게 표현할 수 있다.

상승	하강	갈등	정상
1등	돌아갈까?	함께	밀어주기
수직 상승	하강	외로움	협력

사물 표현하기

교통수단

교통수단도 많이 그리는 것 중 하나이다. 네모 모양을 그리고, 바퀴를 그리고, 창문을 그리고 그림자를 넣어주면 된다. 자동차에도 여러 가지가 있으며 승용차, 트럭, 버스, 오픈카 등의 특징을 잘 살려주면 된다. 최근에는 자전거를 많이 그리는데 바퀴와 자전거의 프레임을 간단하게 연결해 주면 멋진 자전거가 된다.

자동차 외형   바퀴 그리기   창문, 그림자 그리기

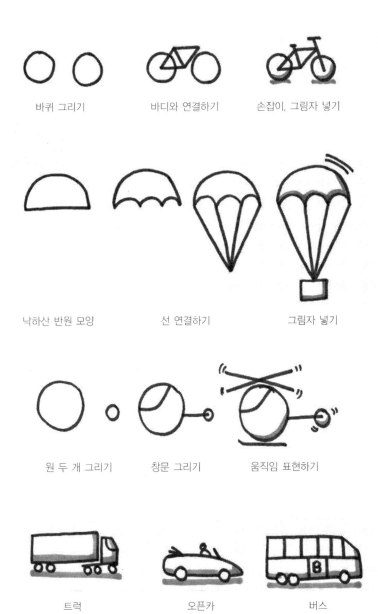

바퀴 그리기　　　　　바디와 연결하기　　　　손잡이, 그림자 넣기

낙하산 반원 모양　　　　선 연결하기　　　　　　그림자 넣기

원 두 개 그리기　　　　창문 그리기　　　　움직임 표현하기

트럭　　　　　　　오픈카　　　　　　　버스

지하철   택시   비행기

KTX   로켓트

배   큰 배   잠수함

음식점

음식점과 관련된 것은 각종 조리 기구로 잘 표현하면 된다. 더운 음식은 김으로 표현하고, 차가운 것은 물방울이나 빨대로 그려주는 것이 포인트다.

원두커피	차	드립서버	투명컵
태이크	오픈	녹차	카푸치노
양식	프라이팬	주전자	컵라면
팬	밥	칵테일	쿠키

디저트

식사 후에는 디저트를 빼놓을 수 없다. 디저트도 외곽선 위주로 특징들을 잘 표현하면 된다. 예를 들면, 삼각 김밥의 경우 삼각형을 그리고 김을 잘 표현해 주면 된다.

| 식빵 | 삼각 김밥 | 김밥 | 치즈 |

| 딸기 케이크 | 꼬치 | 포테이토 | 햄버거 |

| 우유 | 이이스크림 | 요거트 | 통조림 |

| 생일 케이크 | 사탕 | 용기 | 닭다리 |

텃밭

텃밭에서 발견할 수 있는 것들을 위주로 그린다. 곤충과 꽃, 나비, 울타리 등을 그리면 멋진 텃밭을 표현할 수 있다.

꿀벌	튤립 화분	나비	울타리
꽃 화분	새싹	무당벌레	우편함1
우편함2	구름	무지개	해
새	강아지 밥그릇	강아지	강아지집

교실 속 비주얼씨킹

집 안 물건

 평소에 이용하는 물건들의 특징을 잘 생각하여 그리면 된다. 주의할 것은 똑같이 표현하는 것이 아니라 단순하게 특징만 잡아서 그리는 것이다.

빨래대   빨래줄   빨래줄2

등   무드 등   냉장고   장농

모자   드레스   가방   바구니

장   곰 인형   모자   신발

IT

스마트폰에 있는 모양들을 그려도 된다. 스마트폰 어플에도 잘 나와 있기 때문에 어플을 참고하기를 권장한다.

무선와이파이	SD메모리카드	USB	중계기
마우스	채팅	태블릿PC	GPS
모니터	스마트폰	베터리	블루투스
핫스팟	소리	노트북	카메라

학교 생활

학교의 모습은 학생, 교사를 중심으로 그리면 된다. 또한 주변의 사물을 이용하면 되는데 주로 그리는 것은 칠판, 책상, 의자, 분필, 분필지우개, 책, 학교 건물, 버스 등이다. 이러한 것들을 잘 이용하면 학교 모습을 잘 표현할 수 있다.

| 학교 | 분필과 지우개 | 걸상 |

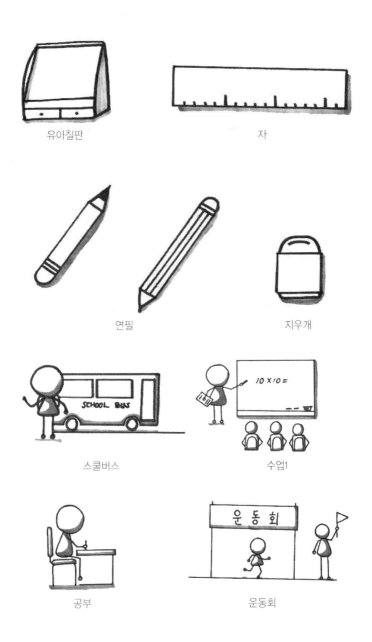

유아칠판

자

연필

지우개

스쿨버스

수업1

공부

운동회

졸다   수업2   실험

우승   졸업   남학생

여학생   체육 수업   음악 수업

미술 수업   질문하기   책 읽기

기타

visual thinking

좋아하는 가수 그리기

사람의 활동 모습을 그릴 때 좋은 주제가 가수의 안무나 운동선수의 동작이다. 특히 가수는 학생들이 좋아하는 대상이기 때문에 매우 흥미로워한다. 학생들은 가수의 안무를 몸으로 익히고 있는 경우도 있기에 재미있게 표현할 수 있다.

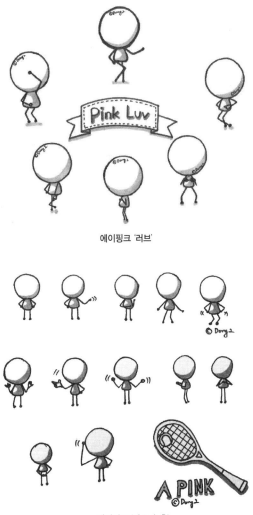

에이핑크 '러브'

에이핑크 '미스터 츄'

팁 비주얼씽킹과 관련된 자료는 구글에서 '픽토그램'으로 검색을 하면 여러 가지 이미지들을 통해 확인할 수 있다.

레이아웃 (lay out)

레이아웃

레이아웃은 전체적인 배치이기 때문에 레이아웃을 어떻게 설정하는가에 따라 느낌이 많이 달라진다. 그렇기 때문에 적절한 레이아웃을 머릿속에 그려 놓고 비주얼씽킹을 하는 것이 좋다. 또한 주제에 해당되는 것을 크게 그려 핵심 내용을 바로 알 수 있게 한다. 예를 들면, 우유와 관련된 비주얼씽킹이면 우유병을 크게 그려 그 안에 내용을 채워 넣거나 유유병을 가운데 배치하여 우유와 관련된 내용을 표현하고 있음을 알 수 있게 해준다.

학교에서 주로 사용하는 레이아웃은 시간 흐름형, 방사형(마인드맵형), 오솔길형, 주변강조 방사형 등이다. 기타 다른 레이아웃은 주제에 맞게 선택하면 된다.

시간 흐름형

시간 흐름형은 여러 과정을 순서대로 표현하는 것이다. 교과목에서는 시간 흐름형을 사용하는 경우가 굉장히 많다. 시간 흐름형에서 주의해야 할 것은 순서를 시계 방향으로 하는 것이다. 이유는 사람들은 시계 방향으로 읽는 것에 익숙하기 때문이다. 또한 중앙에 중심 이미지를 넣는 것이 효과적이다.

6.집에서 마시기

5.마트 진열

우유생산과정

1.젖소 키우기

4.가공

2.우유짜기

3.공장으로 이동

© dong2

시간 흐름형 layout으로 작성된 예

방사형(마인드맵형)

방사형도 비주얼씽킹에서 주로 사용하는 레이아웃이다. 마인드맵에서도 많이 이용되며, 생각을 정리하거나 주제 중심으로 내용을 정리할 때 많이 사용된다. 마인드맵을 먼저 작성하거나 미리 내용을 정리하고 표현하는 것이 효과적이다.

방사형 layout으로 작성된 예

오솔길형

오솔길형은 시간 흐름에 따라 표현할 때 주로 이용된다. 예를 들면 아래의 이미지처럼 시간대별로 자신이 해야 할 것을 표현하거나, 10~50년 후의 자기 모습을 표현하는 경우에도 사용할 수 있다. 특히 단순하게 목표나 행동들을 나열하는 것보다 오솔길형의 레이아웃을 사용하면 스토리가 있는 모습이 된다.

오솔길형 layout으로 작성된 예

주변 강조 방사형

주변 강조 방사형은 가운데 핵심 주제를 중심으로 주변을 강조할 때 사용된다. 주의할 것은 가운데 중심 내용보다는 개별적인 소단원이 중요하기 때문에 화살표 방향을 주변으로 향하게 해야 한다.

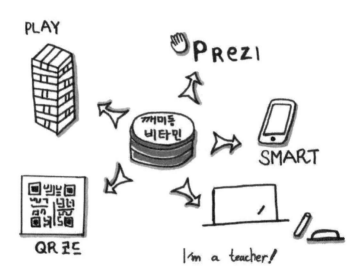

주변 강조 방사형 layout으로 작성된 예

다양한 유형의 레이아웃

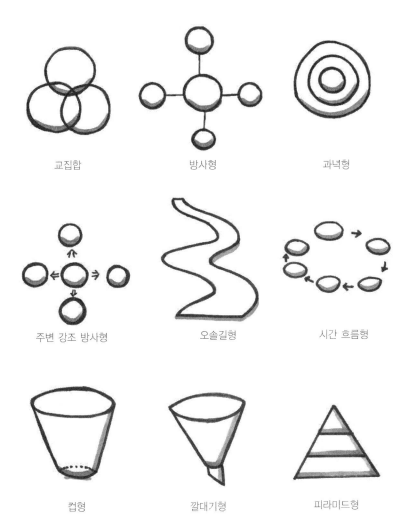

교집합

방사형

과녁형

주변 강조 방사형

오솔길형

시간 흐름형

컵형

깔대기형

피라미드형

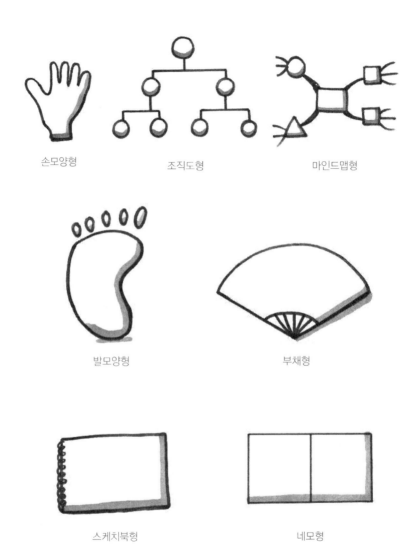

손모양형 조직도형 마인드맵형

발모양형 부채형

스케치북형 네모형

> 팁 레이아웃은 비주얼씽킹에서 중요하다. 하지만 레이아웃을 너무 강조하다 보면 학생들의 작품이
> 비슷해지는 경우가 발생한다. 때문에 레이아웃의 몇 가지 예만 보여 주고 학생들이 주제에 따라
> 선택할 수 있도록 한다.

스토리 **만들기**

⌒ visual thinking

스토리만들기

스토리 만들기

스토리 만들기는 여러 가지 단어, 그림 카드를 이용하여 하나의 스토리를 만드는 것이다. 이러한 활동을 통해서 창의적인 생각, 그림으로 표현하는 능력이 향상될 수 있다. 대부분 스토리 만드는 것에 두려움을 갖게 마련이다. 하지만 곧 그림 카드 몇 장으로 멋진 스토리를 만들 수 있다. 또한 필자가 수업에 적용했을 때 단어 카드보다는 그림 카드를 주었을 때가 훨씬 다양한 스토리가 나왔다.

| 이메일 | 손잡기 | 하트 | 따뜻한 인터넷 세상 |

카드로
스토리 만들기

visual thinking

카드로 스토리만들기

사물, 사람의 동작이 그려진 카드 중에 2~3장을 뽑는다. 이렇게 선택한 카드로 스토리를 만들고 비주얼씽킹을 하는 것이다.

비주얼 카드 게임

1. 비주얼씽킹 책을 참고하여 카드를 만든다(주제별로 나누어서 인물, 사물, 장소 등으로 카드를 만든다).

2. 학생들에게 카드를 2~3장을 뽑도록 한다.

3. 카드를 적절하게 배치하여 스토리를 구상한다.

4. 스토리를 만들고, 그림을 그리도록 한다.

5. 완성된 작품을 보고 무슨 내용인지 서로 이야기하도록 한다.

예시가 되어 있는 비주얼씽킹 책에서
카드를 만든다.

카드는 〈신발〉, 〈나비 잡는 사람〉, 〈튤립 화분〉이다.
학생은 3장의 카드를 가지고 스토리를 만들었다.

'신발을 신고 예쁜 노랑나비를 잡으려고 살금, 살금 다가갔는데, 나비가 집 안 창가에 놓인 화분에 앉았다.'

카드는 〈물놀이〉, 〈장〉, 〈빨래대〉이다.
학생은 3장의 카드를 가지고 다음과 같은 스토리를 만들었다. '장에서 물놀이를 가기 위해 옷 등을 챙기고, 물놀이를 재미있게 하고, 물놀이가 끝난 후에 빨래대에 빨래를 널었다.'

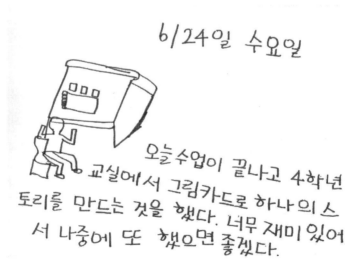

6/24일 수요일

오늘 수업이 끝나고 4학년 교실에서 그림카드로 하나의 스토리를 만드는 것을 했다. 너무 재미있어서 나중에 또 했으면 좋겠다.

학생의 비주얼씽킹에 대한 소감

저녁에 밥을 하며 꽃에 물을 주며 여유를 즐기는
모습임

고등학생의 스토리 만들기

개가 잠을 자고 있다. 어떻게 글씨 얼어졌는
지 모른 커피 주전자를 쓰고 잠을 자고 있다.
주전자를 쓰고 꾸는 꿈은 무엇일까?
아마 심해 깊은 바다 속 어딘가로 여행을 떠나는 것이 아닐까?
어떤 좋은 결과를 만나보지 않을 컴컴거린다.
나는 그렇게 어떤 커피를 위저러다가 개의 잠자는 모습을 지켜보고 있다.

강경호 씨는 잠수부, 커피드롭, 강아지 카드 3장을 가지고 스토리를 만들었다.
카드는 순서와 상관없이 3장을 배열하여 스토리를 구성하면 된다. ⓒ강경호

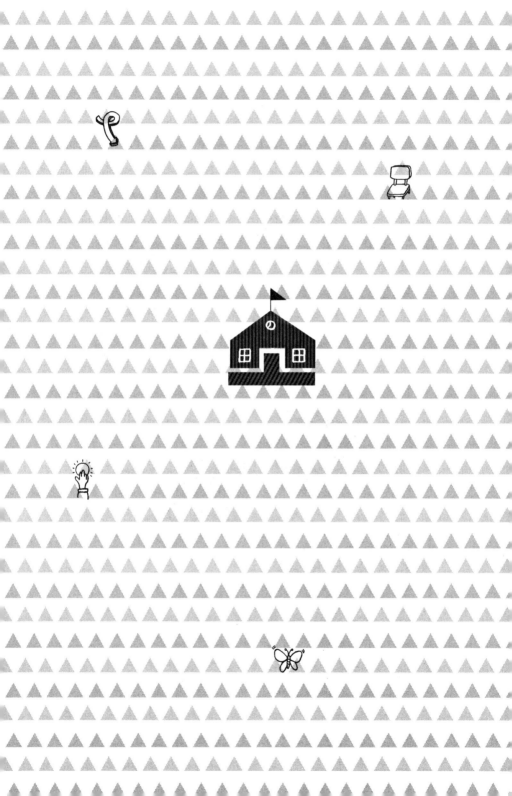

4장

교과별 수업 활용

비주얼씽킹 **수업하기**

visual thinking

비주얼씽킹 수업하기

비주얼씽킹을 하려면 적어도 4차시 정도는 비주얼씽킹에 대한 기본적인 내용을 학생들에게 전달해야 한다. 비주얼씽킹 단어 익히기(간단한 도형부터 사물 익히기), 비주얼씽킹 문장 익히기(사람부터 이름 표현하기), 비주얼씽킹 문단(하루 일과부터 교과목 내용 익히기) 순으로 진행해야 한다.

정말 시간이 없다면 비주얼씽킹의 기본적인 언어 표현법을 배우고 교과에 적용하는 것이 좋다. 그렇지 않으면 비주얼씽킹 수업을 하다가 어려움에 빠지기 쉽기 때문이다. 초등 사회 교과목을 예로 제시했으며 자세한 내용은 다음 표와 같다.

개요

차시	목표	내용	기타
1차시	비주얼씽킹에 대하여 알고, 비주얼씽킹 단어를 표현할 수 있다.	비주얼씽킹이란? 비주얼씽킹 준비물 비주얼씽킹 단어 익히기 (점, 선, 도형 등) 비주얼씽킹 단어 맞히기	기초
2차시	비주얼씽킹 단어를 익히고, 표현할 수 있다.	리본, 말풍선, 배너, 제목 익히기 사물 익히기	기초
3차시	비주얼씽킹 문장(사람)을 익히고 표현할 수 있다.	사람 표현하기, 그림자 넣기 직업 표현하고 맞히기 나의 이름 표현하기, 맞히기 게임	응용
4차시	나의 하루 일과, 올해 나의 목표를 표현할 수 있다.	나의 하루 일과 표현하기 올해 나의 목표 표현하기 5, 10, 20, 30년 후 나의 모습 표현하기	응용
5차시	비주얼씽킹 문단을 익힐 수 있다.	도시의 문제 조사하기 도시의 문제 비주얼씽킹 도시의 문제에 대하여 토론하기	교과 적용 (사회)
6차시	비주얼씽킹 문단을 익힐 수 있다.	도시의 문제 해결 방안 토론하기 도시의 문제 해결 방안 작성하기	교과 적용 (사회)

※ 1차시부터 4차시까지 지도안은 QR코드나 부록을 참고하면 된다.

나의 이름 표현하기

비주얼씽킹을 시작할 때 처음부터 교과 내용으로 접근하기보다는 '나의 이름 표현하기'와 같이 가벼운 내용으로 접근하면 학생들이 많은 관심을 보이며 참여하게 된다.

학년 초, 우리 반 학생들에게 내 이름을 비주얼씽킹으로 소개하였는데, 학생들은 빠른 시간에 이름을 기억하고 반갑게 인사해 주는 경험을 했다. 이처럼 자기 이름을 표현하는 것은 학년 초에 낯선 교실 분위기를 활기차게 바꾸어 줄 수 있다. 특히 학생들에게 자신의 이름을 표현하라고 하면 다양한 작품들을 확인할 수 있다. 학생들의 특성과 장점들을 쉽게 발견할 수도 있다. 단, 학생들이 듣기 싫어하는 별명이나 듣기 거북한 내용은 제외하도록 안내한다.

학생 작품

교사 작품

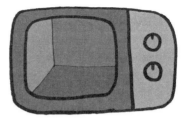

교사 작품   교사 작품

나의 일과

자신의 생활에 대해 되돌아보고 자신의 미래 모습도 예측할 수 있다. 학생들이 자신의 일과를 표현함으로써 의미 있는 삶에 대해 생각하는 시간을 갖게 된다.

나의 하루 일과

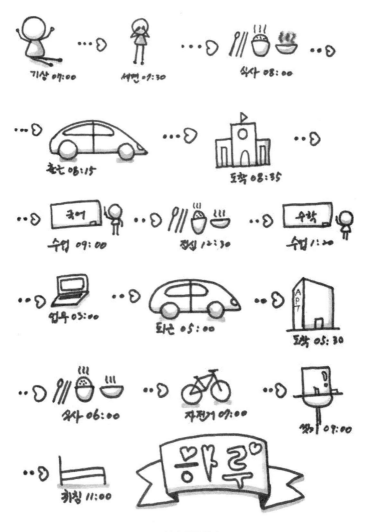

교사의 하루 일과

교사의 하루 일과

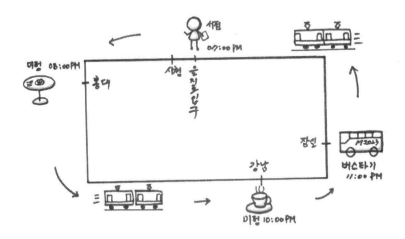

지하철 노선도를 이용한 일과표

나의 목표

"수업 시간에 자신의 목표에 대해서 글로 써 보세요."라고 하면 구체적으로 작성하는 학생들이 별로 없다.

학생들은 "글로 느낌, 생각, 계획을 쓰세요."라고 하면 부정적인 탄성부터 나온다. 그러나 이럴 때 비주얼씽킹으로 자신의 목표를 작성해 보라고 하면 학생들은 쉬는 시간에도 정말 열심히 한다. 비주얼씽킹 수업에 참여한 한 학생은 "비주얼씽킹 수업으로 나의 목표를 작성해 보니 제가 무엇을 해야 할지 알게 되었어요."라고 하였다.

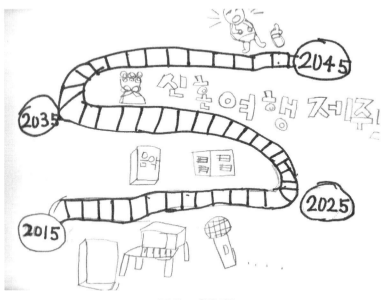

나의 목표 : 학생 작품

나의 목표 : 교사들의 작품

나의 목표 : 교사들의 작품

비주얼씽킹 주사위 만들기

비주얼씽킹 주사위 만들기는 ① 주제 정하기 ② 주사위에 그림을 그리게 하기 ③ 주사위를 굴려서 나온 그림을 확인하기 ④ 스토리를 만들기 순서로 진행된다. 학생들이 내용을 직접 그리고, 게임 형식으로 스토리를 만드는 방법이다. 이 방법은 학생들에게 흥미를 유발시켜 모둠 활동에 집중할 수 있게 해주며 모둠 구성원들끼리 이미지와 결합된 이야기를 나눌 수 있게 해준다.

비주얼씽킹 주사위 만들기

나에게 소중한 물건이 무엇인지 생각한다.
소중한 물건들을 주사위 모양에 그린다.
주사위 모양을 오려서 풀로 붙인다.
주사위를 모둠별로 굴려 나온 그림에 대해서 이야기한다.

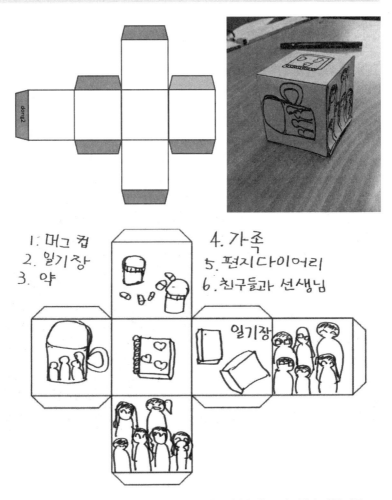

나에게 소중한 것들-머그컵, 일기장, 약, 가족, 편지와 다이어리, 친구들과 선생님 : 학생 작품

교실 비주얼씨킹

교과 활용하기

비주얼씽킹은 대부분의 교과목에 적용하여 활용할 수 있다. 이때 학생들이 흥미를 가질 수 있도록 주의해야 한다. 자칫 교과목의 내용에 교사가 몰입하다 보면 학생들의 작품을 지적하게 된다. 이렇게 되면 학생들은 비주얼씽킹에 흥미를 잃게 되어 비주얼씽킹을 하지 않으려고 한다. 교사가 조언자로서의 자세를 유지해야 성공적인 비주얼씽킹 수업이 될 수 있다.

또한 학생들의 내면을 표현할 수 있도록 한다. 비주얼씽킹을 하다 보면 학생들의 심리 상태나 내면의 모습이 자연스럽게 흘러나온다. 자신의 속마음을 텍스트로 표현하기에는 부담스러웠지만 비주얼로는 편안하게 표현하는 경우가 많다. 따라서 학생들이 내면을 표현할 수 있도록 분위기(음악, 향기 등)를 조성해 주는 것이 좋다.

초등 통합교과

1. 교과 : 초1 통합교과(슬기로운생활)

2. 단원 : 함께 사는 우리

3. 학습목표 : 이웃과 서로 도우며 살아가는 모습을 알고, 표현한다.

4. 수업 절차 :

절차 \ 활동	내용
도입	행복한 이웃의 모습 동영상 시청하기
전개	이웃과 더불어 살기 위해 내가 실천할 수 있는 것 알아보기 이웃과 더불어 살기 위해 내가 실천할 수 있는 것 비주얼씽킹 하기
정리	모둠별로 작품을 전시하기 작품들을 보고 공통적인 특성 정리하기
준비	종이, 마커, 교과서

초1 통합교과(슬기로운 생활)-이웃과 더불어 살기

초등 국어

1. 교과 : 초1 국어

2. 단원 : 다정하게 지내요

3. 학습목표 : 기분을 좋게 하는 말을 알고, 알맞게 사용한다.

4. 수업 절차 :

절차 \ 활동	내용
도입	"아빠 힘내세요." 노래 부르기
전개	「세상에서 가장 힘이 센 말」 읽고 내용 파악하기 "기분을 좋게 하는 말" 쓰기 "기분을 좋게 하는 말" 비주얼씽킹 하기 친구에게 "기분을 좋게 하는 말" 표현하기
정리	모둠별로 작품을 전시하기 작품들을 보고 공통적인 특성 정리하기
준비	종이, 마커, 교과서

초1 국어-기분을 좋게 하는 말

초등 통합

1. 교과 : 초등 1학년 통합교과(바른생활)

2. 단원 : 우리학교-해봐요

3. 학습목표 : 안전하게 등교, 하교 합시다(횡단보도를 건너는 방법 알고 실천한다)

4. 수업 절차 :

절차 \ 활동	내용
도입	등교, 하교 동영상 시청하기
전개	학교 가는 길 살펴보기 횡단보도를 건너는 방법 알아보기 횡단보도를 건너는 방법 비주얼씽킹 하기
정리	모둠별로 작품을 전시하기 작품들을 보고 공통적인 특성 정리하기
준비	종이, 마커, 교과서

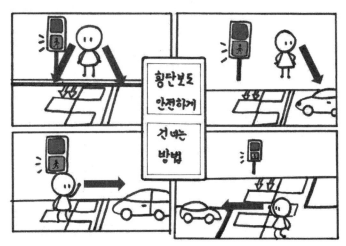

초1 통합교과(바른생활)

초등 수학

1. 교과 : 초등 1학년 수학

2. 단원 : 9까지의 수

3. 학습목표 : 1, 2, 3, 4, 5를 알고, 셀 수 있다.

4. 수업 절차 :

절차 \ 활동	내용
도입	숫자송 동영상 시청하기
전개	숫자 1, 2, 3 알아보기 숫자 4, 5 알아보기 숫자 1, 2, 3, 4, 5 비주얼씽킹 하기
정리	모둠별로 작품을 전시하기 작품들을 보고 공통적인 특성 정리하기
준비	종이, 마커, 교과서

초1 수학-1, 2, 3, 4, 5 숫자 세기

초등 수학

1. 교과 : 초등 2학년 수학

2. 단원 : 곱셈구구

3. 학습목표 : 2의 단 곱셈구구의 원리를 알고, 활용할 수 있다.

4. 수업 절차 :

활동 절차	내용
도입	"구구단의 실생활의 이용" 동영상 시청하기
전개	2의 단 곱셈구구의 원리 알아보기 2의 단 곱셈구구의 원리 비주얼씽킹 하기
정리	모둠별로 작품을 전시하기 작품들을 보고 공통적인 특성 정리하기
준비	종이, 마커, 교과서

2×5를 계산하는 방법?

① 2 + 2 + 2 + 2 + 2 = 10

② 2 × 5 = 10

초2 수학-2의 단 곱셈구구

초등 국어

1. 교과 : 초등 2학년 국어

2. 단원 : 생각을 전해요

3. 학습목표 : 고운 말을 사용하여 자신의 생각을 쓴다(칭찬 쪽지 쓰기).

4. 수업 절차 :

절차 \ 활동	내용
도입	칭찬에 대한 동영상 시청하기
전개	그림을 보고 칭찬하고 싶었던 경험 떠올리기 칭찬 쪽지의 내용 정리하기 칭찬 쪽지 비주얼씽킹 하기
정리	모둠별로 작품을 전시하기 작품들을 보고 공통적인 특성 정리하기
준비	종이, 마커, 교과서

초2 국어-칭찬 쪽지

초등 수학

1. 교과 : 초등 2학년 수학

2. 단원 : 여러 가지 도형 — 오각형과 육각형을 알 수 있어요

3. 학습목표 : 오각형과 육각형을 알고, 오각형과 육각형을 찾아 설명할 수 있다.

4. 수업 절차 :

절차 \ 활동	내용
도입	오각형, 육각형 동영상 시청하기
전개	오각형의 특징 알아보기 육각형의 특징 알아보기 주변에서 오각형, 육각형 찾아보기 오각형, 육각형 비주얼씽킹 하기
정리	모둠별로 작품을 전시하기 작품들을 보고 공통적인 특성 정리하기
준비	종이, 마커, 교과서

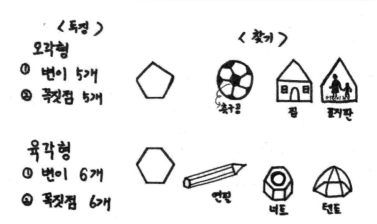

초2 수학-2의 단 곱셈구구

초등 통합

1. 교과 : 초등 2학년 통합(슬기로운 생활)

2. 단원 : 통합교과 〉 나의 몸 〉해 봐요

3. 학습목표 : 내 몸을 살펴보고, 설명할 수 있다.

4. 수업 절차 :

절차 ╲ 활동	내용
도입	"사람의 몸" 동영상 시청하기
전개	나는 무엇일까요? 나의 몸 살펴보기 나의 몸의 특징 비주얼씽킹 하기
정리	모둠별로 작품을 전시하기 작품들을 보고 공통적인 특성 정리하기
준비	종이, 마커, 교과서

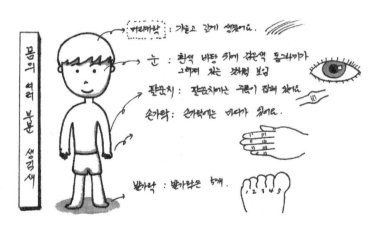

초2 통합-나의 몸

초등 체육

1. 교과 : 초등 3학년 체육

2. 단원 : 건강활동―조심해요! 가정에서의 안전사고

3. 학습목표 : 가정에서 발생할 수 있는 사고의 종류에 따른 사고 상황을 알려주고, 이를 예방할 수 있는 방법을 설명할 수 있다.

4. 수업 절차 :

절차 / 활동	내용
도입	가정에서 안전사고 동영상 시청하기
전개	가정에서 안전사고 생각해 보기 가정에서 안전사고 예방 방법 생각해 보기 가정에서 안전사고 예방 방법 비주얼씽킹
정리	모둠별로 작품을 전시하기 작품들을 보고 칭찬하기
준비	종이, 마커, 교과서

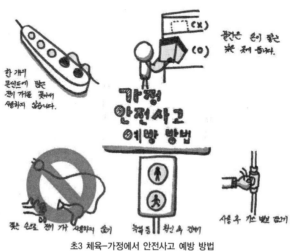

초3 체육―가정에서 안전사고 예방 방법

초등 영어

1. 교과 : 초등 3학년 영어

2. 단원 : Hi! I'm Minji.(출판사에 따라 내용이 다를 수 있음)

3. 학습목표 : 나의 이름을 이야기 할 수 있다.

4. 수업 절차 :

절차 / 활동	내용
도입	내 소개하는 동영상 시청하기
전개	Hi! I'm Minji. Hi! I'm Minsu. 소개하는 것 비주얼씽킹 하기
정리	모둠별로 작품을 전시하기 작품들을 보고 칭찬하기
준비	종이, 마커, 교과서

초3 영어

초등 과학

1. 교과 : 초등 3학년 과학

2. 단원 : 자석과 자석 — 자석이 가리키는 방향을 알아봅시다.

3. 학습목표 : 자석이 가리키는 방향을 알아보고, 자석의 N극과 S 극의 차이점을 설명할 수 있다.

4. 수업 절차 :

절차 \ 활동	내용
도입	자석 동영상 시청하기
전개	자석이 가리키는 방향 알아보기 N극과 S극 알아보기 N극과 S극 비주얼씽킹 하기
정리	모둠별로 작품을 전시하기 작품들을 보고 칭찬하기
준비	종이, 마커, 교과서

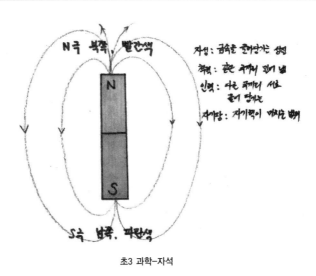

초3 과학-자석

초등 과학

1. 교과 : 초등 3학년 과학

2. 단원 : 과학 〉 동물의 생활 〉 사는 곳에 따른 동물의 생활

3. 학습목표 : 땅에 사는 작은 동물을 관찰하고, 설명할 수 있다.

4. 수업 절차 :

절차 \ 활동	내용
도입	땅에 사는 작은 동물 동영상 시청하기
전개	실험 준비물 알아보기, 실험과정 알아보기 개미 관찰하기 개미의 특징 써보기 개미 비주얼씽킹 하기
정리	모둠별로 작품을 전시하기 작품들을 보고 칭찬하기
준비	종이, 마커, 교과서

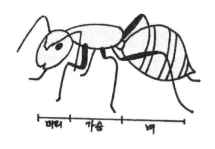

〈 개미 관찰 절차 〉

① 검은색
② 머리, 가슴, 배로 구분
   가슴과 배는 마디로 됨
③ 가슴에 6개 다리
   머리에 2개 더듬이
④ 머리에는 마디로 된 더듬이와
   겹눈 있음
⑤ 몸 전체 털이 많고,
   다리 끝에 발톱이 있음

초3 과학–땅에 사는 동물

초등 국어

1. 교과 : 초등 4학년 국어

2. 단원 : 서로 다른 느낌

3. 학습목표 : 이야기를 읽고, 말할 차례를 지키며 독서 토론을 할 수 있다.

4. 수업 절차 :

절차 \ 활동	내용
도입	내가 못이라면 어떨까?
전개	'나'의 마음을 생각하며 「가끔씩 비 오는 날」 읽기 「가끔씩 비 오는 날」을 읽고 내용 파악하기 「가끔씩 비 오는 날」의 인물에 대하여 자신의 생각 쓰기 비주얼씽킹 하기 모둠별로 토의하기
정리	모둠별로 작품을 전시하기 작품들을 보고 칭찬하기
준비	종이, 마커, 교과서

초4 국어-가끔씩 비오는 날
-글을 읽고 느낌을 표현

초등 사회

1. 교과 : 초등 4학년 사회

2. 단원 : 도시의 발달

3. 학습목표 : 도시의 문제와 해결 방안을 알고, 설명할 수 있다.

4. 수업 절차 :

절차 \ 활동	내용
도입	도시의 문제와 관련 동영상 시청하기
전개	사회책 읽기 도시의 문제 해결 방법 조사하기 도시의 문제 해결 방법을 생각 그물(마인드맵)로 나타내기 도시의 문제 해결 방법을 비주얼씽킹으로 표현하기 모둠별로 토의하기
정리	모둠별로 작품을 전시하기 작품들을 보고 공통적인 특성 정리하기
준비	종이, 마커, 교과서

도시의 주택, 교통, 환경문제를 해결 하기 위한 노력

1. 돌연산값 -> 주택건설 확대   2. 교통혼잡 -> 버스전용차로 실시

http://blog.naver.com/ssfile

3. 수질오염 -> 물 재생시설 설치   4. 대기오염 -> 무공해 자동차 개발

초4 사회-도시의 문제 해결을 위한 노력

초등 과학

1. 교과 : 초등 4학년 과학

2. 단원 : 화산과 지진

3. 학습목표 : 화산과 우리 생활과의 관계를 알아봅시다.

4. 수업 절차 :

활동 절차	내용
도입	화산 활동이 주는 영향에 대한 동영상 시청하기
전개	최근에 일어난 화산 활동 조사 및 발표하기 화산 활동이 주는 영향을 생각 그물(마인드맵)로 나타내기 화산 활동이 주는 영향을 비주얼씽킹으로 표현하기 모둠별로 토의하기
정리	모둠별로 작품을 전시하기 작품들을 보고 공통적인 특성 정리하기
준비	종이, 마커, 교과서

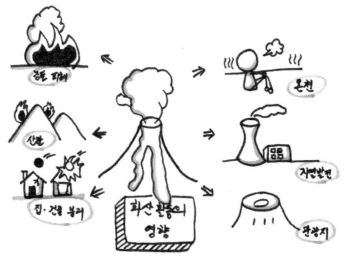

초4 과학-화산 활동의 영향

교실속 비주얼씽킹

초등 과학

1. 교과 : 초등 4학년 과학

2. 단원 : 여러 가지 식물의 한살이를 비교하여 봅시다.

3. 학습목표 : 한해살이 식물의 특징을 알고, 설명할 수 있다.

4. 수업 절차 :

절차 \ 활동	내용
도입	한해살이 Visual thinking 작품 보기
전개	한 살이 과정 복습하기 한해살이 과정 알아보기 옥수수의 한해살이 과정 살펴보기 주사위 전개도에 비주얼씽킹 하기 모둠별로 토의하기
정리	모둠별로 작품을 전시하기 작품들을 보고 공통적인 특성 정리하기
준비	종이, 마커, 교과서

초4 과학-식물의 한살이

초4 과학-식물의 한살이 주사위 완성

초등 영어

1. 교과 : 초등 4학년 영어

2. 단원 : How Are You?

3. 학습목표 : morning, afternoon, evening, night을 알고 말할 수 있다.

4. 수업 절차 :

절차 \ 활동	내용
도입	동영상 시청하기
전개	morning, afternoon, evening, night 알아보기 morning, afternoon, evening, night 비주얼씽킹으로 표현하기 모둠별로 토의하기
정리	모둠별로 작품을 전시하기 작품들을 보고 공통적인 특성 정리하기
준비	종이, 마커, 교과서

초4 영어-morning~night

초등 음악

1. 교과 : 초등 5학년 음악

2. 단원 : 음악으로 함께 하는 우리-박자와 지휘(출판사에 따라 다름)

3. 학습목표 : 박자의 종류와 개념을 이해하고, 설명 할 수 있다.

4. 수업 절차 :

절차 \ 활동	내용
도입	여러 가지 박자에 관한 동영상 시청하기
전개	4분의2, 4분의3, 4분의4박자 알아보기 4분의2, 4분의3, 4분의4박자 들어보고, 음악에 맞추어 쳐보기 박자에 대하여 비주얼씽킹
정리	모둠별로 작품을 전시하기 작품들을 보고 칭찬하기
준비	종이, 마커, 교과서

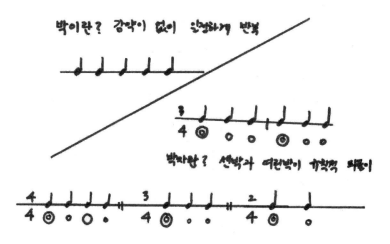

초5 음악-박자

초등 보건

1. 교과 : 초등 5학년 보건

2. 단원 : 일상생활과 건강

3. 학습목표 : 눈의 건강법을 알고, 설명 할 수 있다.

4. 수업 절차 :

절차 / 활동	내용
도입	눈의 질병에 대한 동영상 시청하기
전개	눈의 질병에 대해 알아보기 눈의 건강법에 대하여 조사해 보기 눈의 건강법 정리하기 눈의 건강법 비주얼씽킹 하기
정리	모둠별로 작품을 전시하기 작품들을 보고 칭찬하기
준비	종이, 마커, 교과서

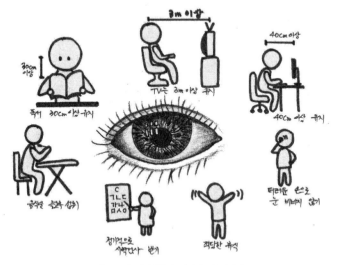

초5 보건-일상생활과 건강-눈의 건강법

초등 실과

1. 교과 : 초등 5학년 실과

2. 단원 : 일상생활과 건강

3. 학습목표 : 옷을 정리하여 보관하는 방법을 알고, 설명할 수 있다.

4. 수업 절차 :

절차＼활동	내용
도입	옷을 잘 관리하지 못했을 때
전개	옷 정리 방법 알아보기 옷을 걸어서 보관하는 방법 조사해 보기 옷을 개어서 보관하는 방법 조사해 보기 옷 정리하여 보관하는 방법 비주얼씽킹 하기
정리	모둠별로 작품을 전시하기 작품들을 보고 칭찬하기
준비	종이, 마커, 교과서

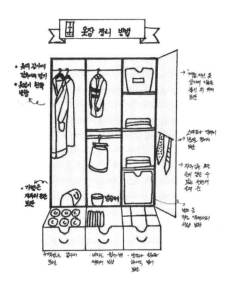

초5 실과–옷장 정리 방법

초등 사회

1. 교과 : 초등 5학년 사회

2. 단원 : 살기 좋은 우리 국토 〉 소중한 우리 국토

3. 학습목표 : 우리 국토의 중요성을 알고 국토를 소중하게 가꾸고 지키려는 태도 지니기

4. 수업 절차 :

절차 \ 활동	내용
도입	비무장지대 동영상 시청하기
전개	우리 국토에 대해서 알아보기 '생태계의 보고, 비무장지대' 알아 보기 '생태계의 보고, 비무장지대' 비주얼씽킹 하기
정리	모둠별로 작품을 전시하기 작품들을 보고 칭찬하기
준비	종이, 마커, 교과서

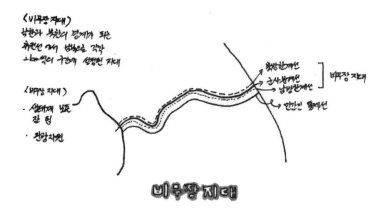

초5 사회-비무장지대

초등 수학

1. 교과 : 초등 6학년 수학

2. 단원 : 원의 넓이

3. 학습목표 : 원주율을 알고, 설명할 수 있다.

4. 수업 절차 :

활동 절차	내용
도입	원주율과 관련된 동영상 시청하기
전개	원의 구성 요소 알아보기 원주와 지름의 관계 알아보기 원주율 알아보기 원의 구성 요소와 원주율 비주얼씽킹으로 표현하기 모둠별로 토의하기
정리	모둠별로 작품을 전시하기 작품들을 보고 공통적인 특성 정리하기
준비	종이, 마커, 교과서

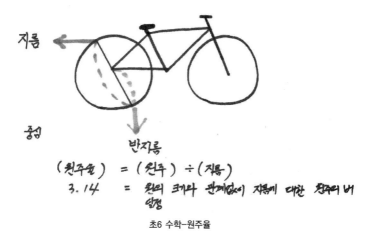

초6 수학-원주율

초등 실과

1. 교과 : 초등 6학년 실과

2. 단원 : 생활과 전기 · 전자 〉 전기 · 전자의 이용

3. 학습목표 : 다양한 전기 · 전자 제품이 이용되는 예를 찾아 설명한다.

4. 수업 절차 :

절차 / 활동	내용
도입	생활에 전기 · 전자 제품 동영상 시청하기
전개	생활에 전기 · 전자 제품 이용 되는 예 알아보기 열을 이용한 제품, 빛을 이용한 제품, 동력을 이용한 제품, 소리를 이용한 제품의 예 표현하기 모둠별로 토의하기
정리	모둠별로 작품을 전시하기 작품들을 보고 공통적인 특성 정리하기
준비	종이, 마커, 교과서

초6 실과–다양한 전기, 전자 제품

초등 미술

1. 교과 : 초등 6학년 미술

2. 단원 : 안녕! 우리 학교 〉 교실의 새로운 발견

3. 학습목표 : 교실 안 숨은 모습을 찾아 새롭게 느껴지는 모습을 표현한다.

4. 수업 절차 :

절차 \ 활동	내용
도입	주변의 사물 동영상 시청하기
전개	준비물 확인 하기 교실 안에서 표현하고 싶은 사물 정하기 사물이 가지고 있는 다양한 모습 찾기 (밑에서 관찰/ 위에서 관찰/ 확대/ 쌓아 /모아/ 겹쳐 보기) 여러 가지 모습 중 새롭게 느껴지는 모습 비주얼씽킹 모둠별로 감상하기
정리	모둠별로 작품을 전시하기 작품들을 보고 공통적인 특성 정리하기
준비	종이, 마커, 교과서

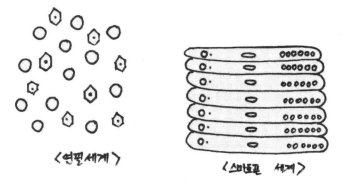

〈연필세계〉   〈스마트폰 세계〉

초6 미술-사물의 새로운 모습

초등 영어

1. 교과 : 초등 6학년 영어

2. 단원 : Do You Know About Hanok?

3. 학습목표 : Do You Know About Hanok?

4. 수업 절차 :

절차 \ 활동	내용
도입	한옥 동영상 시청하기
전개	Do You Know About Hanok? It's a traditonal Korean house. It's very big and beautiful. It has many doors. hanok 비주얼씽킹 모둠별로 감상하기
정리	모둠별로 작품을 전시하기 작품들을 보고 공통적인 특성 정리하기
준비	종이, 마커, 교과서

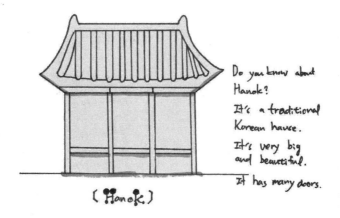

초6 영어-Do You Know About Hanok?

창의, 인성교육

1. 교과 : 창의, 인성

2. 단원 : 올바른 스마트폰 사용

3. 학습목표 : 올바른 스마트폰 사용에 대한 다짐을 작성하고, 실천한다.

4. 수업 절차 :

절차 \ 활동	내용
도입	스마트폰과 나의 모습들을 살펴보기
전개	스마트폰 사용 점검하기 올바르게 스마트폰 사용방법 작성하기 비주얼씽킹 하기 모둠별로 토의하기
정리	모둠별로 작품을 전시하기 작품들을 보고 공통적인 특성 정리하기
준비	종이, 마커, 교과서

'1시간만 사용하기' 붙임 딱지 만들기

하루에 카메라 20분,
문자 3분 이내로 사용하기

스마트폰 하루에 30분 이내로 사용하기

모바일 메신저 사용 시간 1시간 줄이기

중학 도덕

1. 교과 : 중학 도덕

2. 단원 : 바람직한 가정을 위한 구성원의 역할

3. 학습목표 : 바람직한 가정을 위한 구성원의 역할을 알고 행복한 우리집을 표현해 본다.

4. 수업 절차 :

절차＼활동	내용
도입	행복한 가정에 대한 동영상 시청하기
전개	바람직한 가정을 위한 구성원의 역할 바람직한 가정을 위한 구성원 행복한 우리집에 대한 비주얼씽킹 하기 모둠별로 토의하기
정리	모둠별로 작품을 전시하기 작품들을 보고 공통적인 특성 정리하기
준비	종이, 마커, 교과서

가족들과 식사할 때, 등산할 때, 텔레비전을 시청할 때, 산책할 때 행복하다고 표현

중학 기술

1. 교과 : 중학 기술

2. 단원 : 자기소개서 작성

3. 학습목표 : 자기소개서를 시각적으로 표현할 수 있다.

4. 수업 절차 :

절차 〈활동	내용
도입	자기소개서의 Visual thinking 작품 보기
전개	자기소개서란 자기소개서에 대한 나의 생각 정리하기 -좌우명 ,나의 가족, 나의 장점, 좋아하는 과목, 존경하는 사람, 나의 장래 희망 비주얼씽킹 하기 모둠별로 토의하기
정리	모둠별로 작품을 전시하기 작품들을 보고 칭찬하기
준비	종이, 마커, 교과서

중학 기술-자기소개서

중학 수학

1. 교과 : 중학 수학

2. 단원 : 삼각형의 성질

3. 학습목표 : 여러 가지 삼각형의 관계를 알고, 설명할 수 있다.

4. 수업 절차 :

절차 \ 활동	내용
도입	삼각형의 특성 Visual thinking 작품 보기
전개	삼각형의 특성을 탐구하기 여러 가지 삼각형의 관계를 비주얼씽킹 하기 모둠별로 토의하기
정리	모둠별로 작품을 전시하기 작품들을 보고 공통적인 특성 정리하기
준비	종이, 마커, 교과서

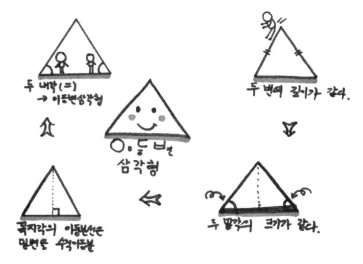

중2 수학-이등변삼각형의 특징

중학 수학

1. 교과 : 중학 수학

2. 단원 : 사각형의 성질

3. 학습목표 : 사각형의 성질을 알고, 내각의 크기를 구할 수 있다.

4. 수업 절차 :

절차	활동	내용
도입		사각형의 성질 동영상 시청하기
전개		사각형의 특성을 탐구하기 주변에 사각형 찾아보기 사각형의 관계를 비주얼씽킹 하기 모둠별로 토의하기
정리		모둠별로 작품을 전시하기 작품들을 보고 공통적인 특성 정리하기
준비		종이, 마커, 교과서

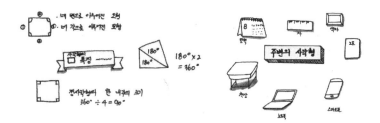

중2 수학-사각형의 특징

중학 국어

1. 교과 : 중학 국어

2. 단원 : 우리 꽃 산책

3. 학습목표 : 계절에 따라 아름답게 피어나는 우리 꽃에 관심을 가질 수 있다.

4. 수업 절차 :

활동 절차	내용
도입	동영상 시청하기
전개	설명문 읽기 설명문의 특징 알아보기 글을 읽고, 느낌을 비주얼씽킹 하기 모둠별로 토의하기
정리	모둠별로 작품을 전시하기 작품들을 보고 공통적인 특성 정리하기
준비	종이, 마커, 교과서

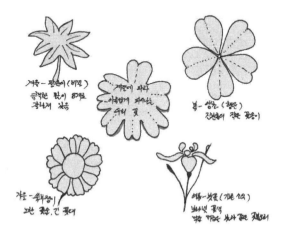

중학 국어-계절에 따라 아름답게 피어나는 우리 꽃

중학 과학

1. 교과 : 중학 과학

2. 단원 : 소화

3. 학습목표 : 영양소에 대해 설명할 수 있다.

4. 수업 절차 :

절차 \ 활동	내용
도입	동영상 시청하기
전개	영양소란? 영양소에 대해 알아보기 영양소 비주얼씽킹 하기 모둠별로 토의하기
정리	모둠별로 작품을 전시하기 작품들을 보고 공통적인 특성 정리하기
준비	종이, 마커, 교과서

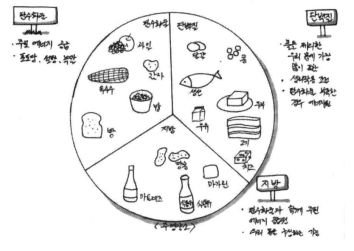

중학 과학-영양소

중학 도덕

1. 교과 : 중학 도덕

2. 단원 : 사이버 윤리와 예절

3. 학습목표 : 사이버 공간의 특징을 설명할 수 있다.

4. 수업 절차 :

절차＼활동	내용
도입	사이버 관련 영상 시청하기
전개	사이버란? 사이버공간의 특징에 대해 조사하기 사이버공간의 특징 비주얼씽킹 하기 모둠별로 토의하기
정리	모둠별로 작품을 전시하기 작품들을 보고 공통적인 특성 정리하기
준비	종이, 마커, 교과서

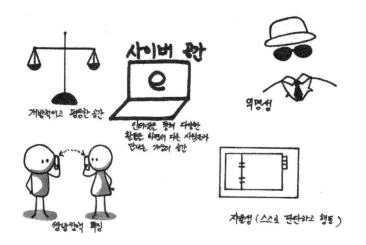

중학 도덕-사이버 공간의 특징

중학 역사

1. 교과 : 중학 역사

2. 단원 : 인류의 기원과 선사 문화의 발전

3. 학습목표 : 구석기에서 철기시대까지의 특징을 알고 설명할 수
있다.

4. 수업 절차 :

절차 / 활동	내용
도입	구석기~철기시대 관련 동영상 시청하기
전개	사회책 읽기 각 시대의 특징에 대해 읽어보기 각 시대의 특징을 생각 그물(마인드맵)로 나타내기 각 시대의 특징을 비주얼씽킹으로 표현하기 모둠별로 토의하기
정리	모둠별로 작품을 전시하기 작품들을 보고, 특징 정리하기
준비	종이, 마커, 교과서

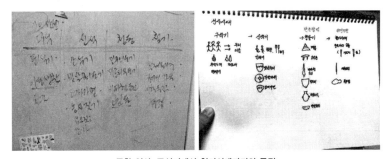

중학 역사-구석기에서 철기시대까지의 특징

고등 국어

1. 교과 : 고등 국어

2. 단원 : 매체와 언어생활

3. 학습목표 : 미디어의 순기능을 설명할 수 있다.

4. 수업 절차 :

절차 \ 활동	내용
도입	미디어에 대한 동영상 시청하기
전개	미디어의 의미 알아보기 미디어의 순기능 살펴보기 미디어의 순기능 비주얼씽킹 하기
정리	모둠별로 작품을 전시하기 작품들을 보고 공통적인 특성 정리하기
준비	종이, 마커, 교과서

고등 국어–미디어의 순기능

고등 과학

1. 교과 : 고등 과학

2. 단원 : 생명의 연속성

3. 학습목표 : 생식을 통한 유전자 전달을 설명할 수 있다.

4. 수업 절차 :

활동 절차	내용
도입	생명에 대한 동영상 보기
전개	생활사의 의미 알아보기 사람의 생식 알아보기 사람의 생식 비주얼씽킹 하기
정리	모둠별로 작품을 전시하기 작품들을 보고 공통적인 특성 정리하기
준비	종이, 마커, 교과서

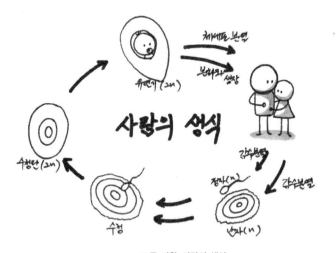

고등 과학-사람의 생식

고등 과학

1. 교과 : 고등 과학

2. 단원 : 정보의 발생과 처리

3. 학습목표 : 센서를 이용한 응용 분야를 설명할 수 있다.

4. 수업 절차 :

절차 　　　활동	내용
도입	센서에 대한 동영상 보기
전개	센서의 기능을 확인하기 센서를 이용한 예 조사하기 센서를 이용한 예 비주얼씽킹 하기 센서를 이용한 응용 분야 설명하기
정리	모둠별로 작품을 전시하기 작품들을 보고 공통적인 특성 정리하기
준비	종이, 마커, 교과서

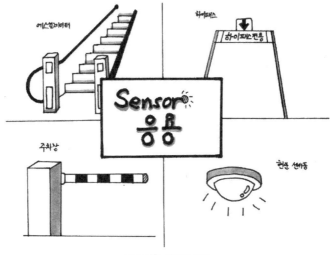

고등 과학-센서의 응용

고등 세계지리

1. 교과 : 고등 세계지리

2. 단원 : 세계의 음식문화

3. 학습목표 : 쌀에 대한 음식 문화를 설명할 수 있다.

4. 수업 절차 :

절차 \ 활동	내용
도입	쌀에 대한 Visual thinking 작품 보기
전개	쌀에 대한 문화 알아보기 쌀에 대한 나의 생각 정리하기 쌀에 대한 문화 비주얼씽킹 하기 모둠별로 토의하기
정리	모둠별로 작품을 전시하기 작품들을 보고 공통적인 특성 정리하기
준비	종이, 마커, 교과서

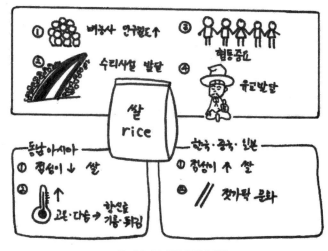

고등 세계지리-쌀의 특징과 문화

고등 사회문화

1. 교과 : 고등 사회문화

2. 단원 : 가족 제도와 교육제도

3. 학습목표 : 가족의 의미와 기능을 알고, 설명할 수 있다.

4. 수업 절차 :

절차 \ 활동	내용
도입	가족에 대한 동영상 시청하기
전개	가족의 의미 알아보기 가족의 기능 알아보기 가족에 대한 생각 정리하기 가족에 대한 비주얼씽킹 하기 모둠별로 토의하기
정리	모둠별로 작품을 전시하기 작품들을 보고 공통적인 특성 정리하기
준비	종이, 마커, 교과서

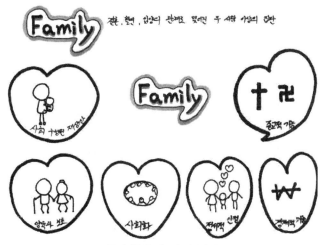

고등 사회문화-가족의 의미와 기능

고등 과학

1. 교과 : 고등 과학

2. 단원 : 면역작용을 시각적으로 표현하기

3. 학습목표 : 눈의 내부구조와 각각의 기능을 설명할 수 있다.

4. 수업 절차 :

절차 \ 활동	내용
도입	눈의 구조에 대한 동영상 보기
전개	눈의 내부 구조와 각각의 기능을 알아보기 눈의 내부 구조와 기능을 비주얼씽킹 하기 눈의 조절 작용을 알아보기-명암 조절 눈의 조절 작용 비주얼씽킹 하기
정리	모둠별로 작품을 전시하기 작품들을 보고 공통적인 특성 정리하기
준비	종이, 마커, 교과서

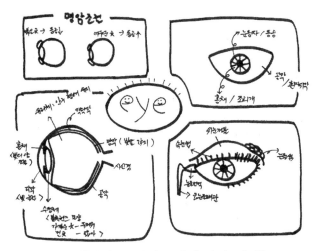

고등 과학-눈의 구조 : 눈의 구조와 기능, 눈의 조절 작용

고등 한국사

1. 교과 : 고등 한국사

2. 단원 : 일제의 강점과 민족 운동의 전개

3. 학습목표 : 이회영과 형제들의 '노블레스 오블리주'을 알고 의
   미를 이야기해 본다.

4. 수업 절차 :

절차 \\ 활동	내용
도입	동영상 시청하기
전개	이회영과 형제들 이야기 읽기 이회영과 형제들에 대해 조사하기 느낌 비주얼씽킹 하기 모둠별로 토의하기
정리	모둠별로 작품을 전시하기 작품들을 보고 공통적인 특성 정리하기
준비	종이, 마커, 교과서

"목적을 달성하지 못하였다 하
더라도 목적의 달성을 위하여
노력하다가 그 자리에서 죽는
다면 이 또한 행복인 것이다."

-우당 이회영-

고등 한국사- 이회영과 형제들

고등 한국사

1. 교과 : 고등 한국사

2. 단원 : 일제의 강점과 민족 운동의 전개

3. 학습목표 : 김구의 활동을 알고, 의미를 이야기해 본다.

4. 수업 절차 :

절차 / 활동	내용
도입	동영상 시청하기
전개	김구의 이야기 읽기 김구의 활동에 대해 조사하기 느낌 비주얼씽킹 하기 모둠별로 토의하기
정리	모둠별로 작품을 전시하기 작품들을 보고 공통적인 특성 정리하기
준비	종이, 마커, 교과서

네 소원이 무엇이냐 하고 하느님께서 물으신다면

나는 서슴지 않고 "내 소원은 오직 대한독립이오." 하고

대답할 것이다.

그 다음 소원은 무엇이냐 하고 물으시면 나는 또

"우리나라의 독립이오." 할 것이요.

또 그 다음 소원이 무엇이냐 하고 세 번째 물으셔도

나는 더욱 소리를 높여 "내 소원은 우리나라 대한의

완전한 자주 독립이오." 하고 대답할 것이다.

-백범 김구 -

고등 한국사-일제의 강점과 민족 운동의 전개

고등 윤리와 사상

1. 교과 : 고등 윤리와 사상

2. 단원 : 동양과 한국 유교 사상

3. 학습목표 : 한국 유교 사상의 특징과 의의에 대해 설명할 수 있다.

4. 수업 절차 :

절차 \ 활동	내용
도입	동영상 시청하기
전개	한국의 유교 사상의 특징 조사하기 한국의 유교 사상의 의의 생각하기 한국의 유교 사상의 특징과 의의 비주얼씽킹 하기 모둠별로 토의하기
정리	모둠별로 작품을 전시하기 작품들을 보고 공통적인 특성 정리하기
준비	종이, 마커, 교과서

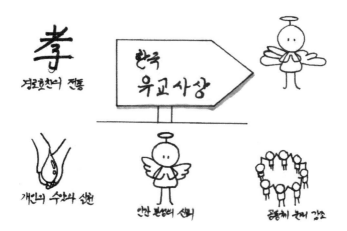

고등 윤리와 사상-한국 유교 사상

기본 교육과정

1. 교과 : 기본 교육과정 초등 실과

2. 단원 : 김밥 만들기

3. 학습목표 : 여러 가지 재료의 특징을 알아봅시다.

　　　　　　 김밥 만드는 과정을 알고 만들어 봅시다.

4. 수업 절차 :

활동 절차	내용
도입	김밥 사진 보기
전개	여러 가지 재료 알아보기 재료 구할 때 주의할 점 주방 용구 및 기구 알아보기 김밥 만드는 과정 알아보기
정리	모둠별로 작품을 전시하기 작품들을 보고 칭찬하기
준비	종이, 마커, 교과서

기본 교육과정-김밥 만들기

기본 교육과정

1. 교과 : 기본 교육과정 사회3

2. 단원 : 쌀의 생산 과정

3. 학습목표 : 쌀 생산 과정을 알고, 말할 수 있다.

4. 수업 절차 :

절차＼활동	내용
도입	쌀과 관련된 동영상 시청하기
전개	쌀 생산과정 알아보기 쌀 생산과정 연결해 보기 쌀 생산과정 이야기해 보기 쌀 생산과정 표현 해 보기
정리	모둠별로 작품을 전시하기 작품들을 보고 칭찬하기
준비	종이, 마커, 교과서

기본 교육과정-쌀 생산 과정

기본 교육과정

1. 교과 : 기본 교육과정

2. 단원 : 음식 만들기

3. 학습목표 : 삼색경단 만드는 과정을 알고 만들 수 있다.

4. 수업 절차 :

활동 절차	내용
도입	삼색경단 관련된 동영상 시청하기
전개	삼색경단 만드는 과정 알아보기 삼색경단 이야기해 보기 삼색경단 만들어 보기
정리	모둠별로 작품을 전시하기 삼색경단 먹기, 칭찬하기
준비	종이, 마커, 교과서

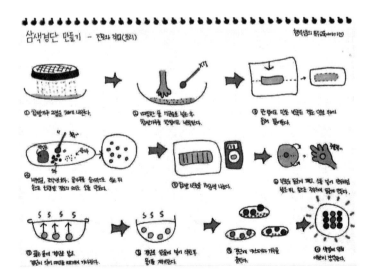

기본 교육과정–삼색 경단 만들기 ©이형식

시각장애인의 비주얼씽킹

시각장애인은 그림을 못 그릴 것이라는 생각을 보통 하게 된다. "앞이 안 보이는데 어떻게 그림을 그려?"라고 보통 생각한다. 그러나 시각장애 학생들도 그림을 그릴 수 있으며 비주얼씽킹도 할 수 있다. 아래의 사진은 시각장애 학생이 점판과 점필(시각장애인용 필기도구)을 가지고 그림을 그리는 장면이다. 하나의 점들을 이어서 선을 만들고 자신의 머리에 있는 이미지를 손으로 표현하고 있는 것이다.

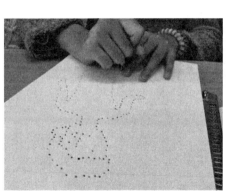
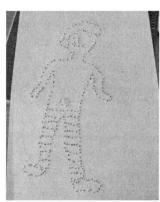

점판과 점필로 그림을 그리는 모습

입체복사기를 이용한 수업 자료 활용

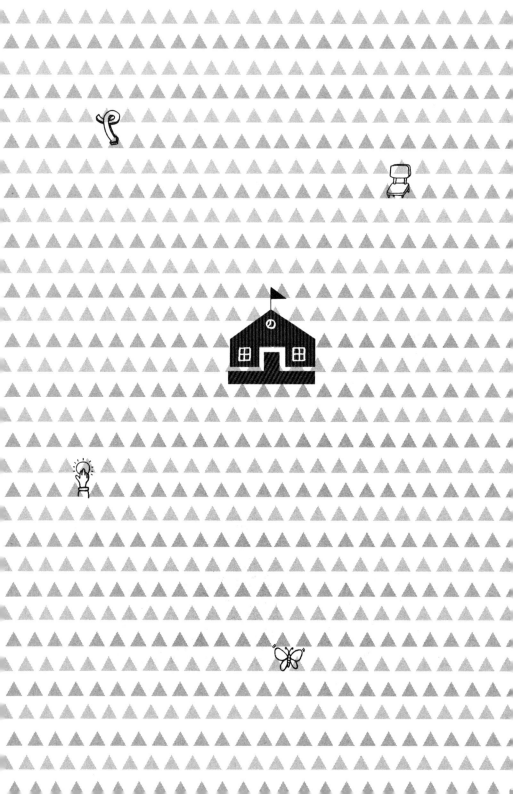

5장

학습 자료 및 생활교육 활용

비주얼씽킹으로
학습 자료 만들기

visual thinking

학습 자료 만들기

교사들은 기존의 학습 자료를 이용할 수 있지만 자신이 직접 학습 자료를 만들려는 욕구도 가지고 있다. 학습 자료를 만드는 데 두려움이 있었다면 비주얼씽킹을 통해 쉽고, 간단하게 학습 자료를 만들 수 있다. 특히 비주얼씽킹으로 학습 자료를 만들게 되면 기존 학습지에 대하여 거부감이 있거나 수업 목표에 도달하기 어려운 학생들과 개별화 교육이 필요한 학생들에게 도움을 줄 수 있다.

차시의 주제 확인하기
차시에서 가장 중요한 부분 정리하기
자료 찾기
레이아웃 정하기
그리기
정리 및 인쇄하기

초등 4학년 1학기- 도시의 문제

도시의 여러 가지 문제 중에서 두 가지를 우선 선택하였다. 주택과 교통이다. 주택은 ① 주택 수가 부족하다 ② 노후된 주택이 많다 ③ 주택 가격이 비싸다 교통은 ① 교통사고가 많다. ② 주차 공간이 부족하다 ③ 교통이 혼잡하다 등의 표현으로 나타낼 수 있다.

이러한 내용을 정리한 결과는 다음과 같다.

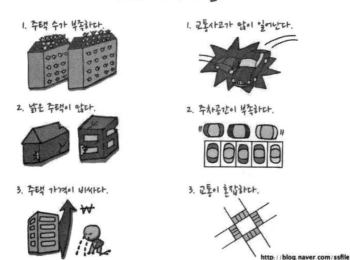

초4 사회-도시의 여러 가지 문제

중학 사회- 정조의 개혁 정치

정조의 개혁 정치를 ① 탕평책-붕당과 신분을 가리지 않고 인재
등용 ② 왕권 강화 정책-화성건립-정조의 이상을 실현하는 상징적
도시로 육성 ③ 문물 제도 정비-서얼과 노비에 대한 차별 완화 등으
로 표현한다.

이러한 내용을 정리한 결과는 다음과 같다.

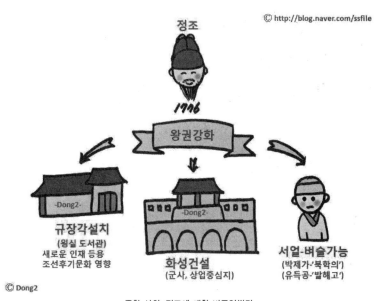

중학 사회-정조에 대한 비주얼씽킹

초등 도덕-아름다운 인터넷 세상

아름다운 인터넷 세상을 기능 중심으로 그린다. ① 멀리 떨어져 있어도 소통할 수 있다. ② 온라인 쇼핑할 수 있다. ③ 정보를 신속하게 접할 수 있다. ④ 온라인 게임을 할 수 있다. ⑤ 음악 및 영화 등을 감상할 수 있다. ⑥ SNS를 통해 소통할 수 있다. ⑦ 이메일을 주고받을 수 있다. ⑧ 인터넷뱅킹을 할 수 있다.

초4 도덕-아름다운 인터넷 세상

아름다운 인터넷 세상을 사람의 감성을 중심으로 그린다. ① 인터넷은 위로와 격려를 준다. ② 인터넷이 생명을 살린다. ③인터넷은 큰 힘을 모으게 한다. ④ 인터넷은 즐거움과 편리함을 준다.(p. 162 큐알코드 참고)

방학 계획표(시간표)

　방학 전에 학급에서는 학생들과 방학 중 계획표를 작성하게 된다. 보통은 기존의 자료를 사용하는 경우가 많은데 방학 계획표도 비주얼씽킹으로 할 수 있다. 교사가 직접 만들어 주거나, 학생들이 선생님이 만든 것을 참고로 하여 비주얼씽킹 하도록 하면 된다. 방학 계획표는 ① 원 그리기 ② 원이 그려진 종이 위에 표현하기 ③ 계획표 예쁘게 꾸미기 순서로 그리면 된다.

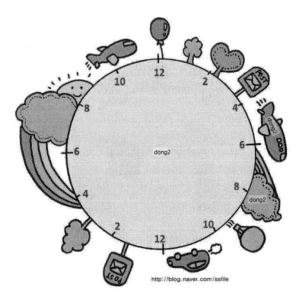

방학 시간표 만들기

기타(학급 소개, 머그컵, 달력에 사용)

학급 소개를 할 때 비주얼씽킹으로 할 수 있다. 교사 소개, 반 소개, 부탁의 말씀을 비주얼씽킹으로 작성하여 학급운영에 사용하면 된다. 비주얼씽킹을 한 후에 파워포인트를 이용하여 편집하면 개성 있는 '학급 안내'를 만들 수 있다.

학급 안내 만들기

보드게임 만들기

카드에 그림을 그려보고 그것을 보드게임으로 이용하는 것이다. 기존의 보드게임은 여러 명이 함께 이용할 수 있다는 장점이 있지만 다소 가격이 비싸고, 내용물을 하나라도 잃어 버리면 게임을 못하는 단점이 있다. 그러나 비주얼씽킹으로 보드게임을 학생들이 직접 만들게 되면 비용이 절약하고, 게임을 창의적으로 개발할 수 있는 효과가 있다.

카드 위에 그림을 그리는 모습

비주얼 오락관

비주얼 오락관은 릴레이 방식으로 단어를 그림으로 설명하는 게임이다. 수업 시간에 개념을 설명하거나 용어에 대한 이해가 필요할 때 효과적이다.

① 은행 CD기 → ② TV → ③ TV → ④ TV

이 문제의 정답은 은행 CD기이다. 학생들이 그림으로 표현해서 전달하는데 중간에 TV로 잘못 이해되어 오답이 나타났다. 학생들은 활동을 통해서 자신이 생각하는 이미지를 표현하고 이미지를 단어로 생각하게 된다. 모둠의 협동심을 높일 수 있으며 비주얼씽킹 언어를 익히는 데 도움이 된다.

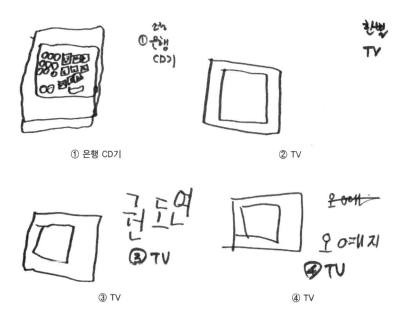

① 은행 CD기 　　　　　　　② TV

③ TV 　　　　　　　④ TV

일기 **쓰기**

↶ visual thinking

일기 쓰기

    일기 쓰기는 학생들이 집에서 비주얼씽킹을 할 수 있는 가장 좋은 방법이다. 하루 중에 자신의 일을 되돌아보고, 자신에게 좋았던 일, 좋았던 사물에 대한 그림을 표현함으로써 비주얼씽킹 능력을 향상시킬 뿐만 아니라 학생 개인 성장의 밑거름이 된다.

속담 비주얼씽킹

속담은 조상들의 경험이 실생활에 녹아 있는 것들이다. 학생들도 생활하면서 속담에 대한 말을 듣고 사용하게 되는데 문제는 학생들이 속담에 대해 흥미로워하지 않은 경우가 많다는 것이다. 속담을 비주얼씽킹으로 제공하거나 학생들에게 속담을 비주얼씽킹으로 표현해 보라고 하면 많은 아이디어와 결과물들을 확인 할 수 있다.

우리는 여행을 가기 전에 준비물을 챙기게 된다. 그러나 준비하는 과정에서 준비물을 다 챙기지 못하고 하나씩 빠뜨리는 경우가 있다. 이럴 때 비주얼씽킹을 이용하면 준비물을 좀 더 꼼꼼히 챙길 수 있다. 실제로 필자는 학생들과 수련회를 가기 전에 "비주얼씽킹으로 준비를 챙기기" 활동을 했는데 서로의 준비물을 체크하면서 준비물을 꼼꼼히 챙길 수 있었다.

수련회 준비물 관련 비주얼씽킹

6장

학급운영 활용 및 디지털 응용

가정통신문은 학교에서 많이 발송되는 문서 중 하나이다. 특히 지난 6, 7월에 있었던 중동호흡기증후군(MERS)의 경우에는 글로 전달하기보다는 글과 이미지를 통해 알려 주는 것이 더 효과적이었다.

가 정 통 신 문	제 2015 - 24호	
	www.h	(☎) 000-0000

중동호흡기증후군(MERS) 관련 학교 조치 사항 및 가정에서의 협조 사항 2차 안내문

학부모님 안녕하십니까? 중동 호흡기 증후군(MERS) '주의' 경보가 지속됨에 따라 학교에서는 메르스 확산 방지를 위해 교내 방역, 급식실 소독기 활용 및 화장실 내 비누 비치, 관리하고 있으며, 접촉에 의한 감염병 방지에 노력하고 있습니다. 또한 매일 메르스 감염자 접촉자를

파악하고 학생 및 교직원의 발열 및 기침 증상을 파악하여 메르스 발생에 적극 대처하고 있습니다. 학부모님께서도 아래와 같이 메르스 예방 수칙을 안내해 드리니 적극 협조해 주시기 바랍니다.

1. 가족 중 최근 중동지역을 다녀온 사실이 있거나, 질병관리본부에 의해 역학조사 대상자(격리대상자 및 확진 통보자)가 발생한 경우 반드시 학교에 알리도록 합니다.
2. 외출은 되도록 삼가하고 꼭 필요한 경우는 마스크를 착용하고 외출합니다. (학원, 친척집, 놀이공원, 기타 사람 많이 모이는 장소 등 외출 삼가.)
3. 외출 후 귀가 시에는 반드시 손씻기와 양치질을 먼저 합니다.
4. 면역력 강화를 위해 골고루 잘먹고, 수면을 충분히 취하며, 과도한 신체활동은 하지 않습니다.
5. 발열이나 기침 등 호흡기 증상이 있거나, 또는 다른 건강상 이상이 있는 경우는 병원 치료 또는 가정에서 요양하며 학교에 등교하지 않도록 합니다.
   ※ 학교에서는 발열 증상이 있는 학생이나 교직원은 즉시 귀가 조치할 예정이며, 유사 증상을 보이는 학생 및 교직원에 대한 마스크 착용을 지도하고 있습니다.
6. SNS나 인터넷의 부정확한 정보에 의한 혼란스러워 마시고 메르스 관련 질병 정보 및 개인 위생 수칙(손씻기, 손수건 가지고 다니기, 마스크 착용 지도 등)을 철저히 지킵니다.
7. 기침할 때 반드시 휴지나 손수건을 이용하여 입을 가리도록 가정에서도 지도해 주시기 바랍니다.
8. 메르스 관련 조치 사항에 대해서는 수시로 학교 홈페이지 및 가정통신문으로 안내하겠습니다 .

2015년 6월 5일

○○ 학 교 장

양치질하기

손씻기

마스크 착용하기

입 가리고 기침하기

MERS 주의사항

가능한 외출하지 않기

발열 시 집에서 쉬기

휴지로 가리고 기침하기

메르스 관련 가정통신문을 비주얼씽킹으로 표현

⌕ visual thinking

연수 안내

필자는 연수를 준비하는 일이 많다. 사람들에게 연수 내용을 표로 안내하면 문의 전화가 많이 오는 경험을 하게 되었다.

'연수 안내 자료를 보면 되는데 왜 사람들이 문의를 많이 할까?'라는 생각을 하다가 연수 내용을 비주얼씽킹으로 표현하게 되었다. 비주얼씽킹 한 것을 보여 주었더니 그 이후로 사람들에게서 문의 전화가 오지 않았다. 이것이 비주얼씽킹의 힘이다. 사람들은 한 장의 그림과 글을 통해서 무슨 연수인지 쉽게 이해했던 것이다.

연수 안내를 비주얼씽킹으로 표현하는 과정은 ① 표의 핵심 주제 선택하기 ② 레이아웃 정하기 ③ 표현하기 ④ 점검하기 ⑤ 공유하기 순서로 하면 된다.

깨미동 비타민 강의 계획(소주제 및 강사)

시간	1월 13일 (화)	1월 14일 (수)	1월 15일 (목)
09:00 - 09:30	준비	준비	준비
09:30 - 11 : 00	보드게임으로 아이들에게 다가가기 (박광제)	스마트한 학급운영1(손영우)	사람들과 소통하는 방법(김해동)
11:10 - 12 : 40		(김동욱)	이미지 스토리텔링 - perzi - (김해동)
12:40 - 13 : 30	점심식사	점심식사	점심식사
13:30 - 15 : 00	체험하기 (T.UM 체험하기)	스마트한 학급운영 2 (김동욱)	스마트 시대를 살아가는 교사의 역할 (강정훈)
15:10 - 16 : 40		스토리 - 광고이야기 - (김주동)	스마트 시대를 살아가는 교사의 역할 (강정훈)
준비물		개인 노트북	개인 노트북

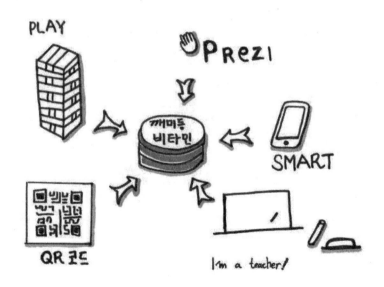

깨미동 비타민 연수 내용 비주얼씽킹

연수 자료

사람들은 일반적으로 같은 강의 내용을 들어도 서로 받아들이는 정보가 다르다. 따라서 연수 자료를 만들거나 학습 자료를 한 장으로 정리해서 알려 줄 필요가 있다.

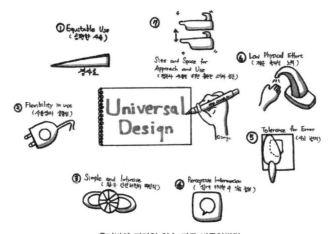

유니버셜 디자인 연수 자료 비주얼씽킹

계획서 비주얼씽킹

계획서는 어느 곳에서든 작성하게 마련이다. 직장, 학교, 관공서 등 어디에서든 계획서를 작성한다. 그런데 계획서를 가지고 회의를 하게 되면 서로 쉽게 이해하지 못하고 일이 늦게 진행되는 경우를 보게 된다. 이럴 때 회의를 효율적으로 하고, 일을 잘 추진하기 위해서 비주얼씽킹을 이용하면 된다.

필자가 교육용 소프트웨어를 지도할 때가 있었다. 매년 할 때마다 교육용 소프트웨어 관련 강의를 준비하게 되었는데 한번은 비주얼씽킹을 통해 참가자들이 계획서를 그림으로 표현하도록 하였다. 비주얼씽킹 활동을 한 후 참가자와 소통이 원만해졌고, 참가자들도 어떤 주제의 교육용 소프트웨어를 만들 것인지 목표를 분명하게 제시하게 되었다.

교육용 소프트웨어 계획서는 제목만 보면 어떤 교육 콘텐츠인지 예측할 수 있다. 좋은 교육용 소프트웨어를 개발하기 위해서는 장면마다 콘티가 필요하다. 만화나 영화 등에 콘티가 필요한 것처럼 소프트웨어 계획서에 콘티가 있으면 시간과 비용을 절감할 수 있다.

바리스타 주제 비주얼씽킹

이 계획서의 경우 바리스타라는 주제를 가지고 계획서를 작성하였다. 커피 만들기, 순서, 예절 등의 교육내용을 학생들에게 전달하는 것이다. 수십 장 분량의 계획서가 종이 한 장으로 표현되었다.

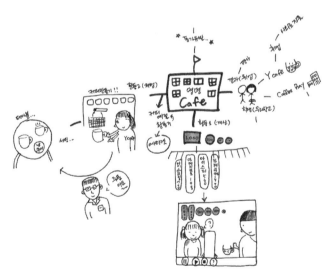

바리스타 주제이 비주얼씽킹

프레젠테이션 주의할 점 비주얼씽킹

프레젠테이션을 할 때에 주의할 점들을 정리하여 비주얼씽킹으로 표현하였다. 가운데에는 프레젠테이션을 하는 사람과 테이블을 그려 넣고, 주변에 내용을 작성한다. Set the theme(명확한 주제를 일관성 있게 유지하라), Provide the Outline(시작 전 전체 개요를 설명하라), Sell an Experience(경험을 팔아라), Make it Visual(시각화 하라), Give 'em a show(쇼를 보여줘라), 리허설(Rehearsal), One more thing(마지막으로 하나 더) 등의 의미를 넣었다.[1]

프레젠테이션 주의할 점

1. 출처-https://youtu.be/dfD9sXoC7gA A BNET.COM의 스티브잡스 프레젠테이션 기법

미디어 교육 주제 비주얼씽킹

필자는 미디어 교육, 스마트 교육과 관련된 강의를 종종 하게 된다. "미디어 교육은 (　　)이다."라는 주제로 강의를 시작한다. 보통은 텍스트로 표현하는 활동을 주로 했지만 한번은 비주얼씽킹으로 활동을 진행했는데 창의적인 생각과 비유적인 표현이 많이 나왔다.

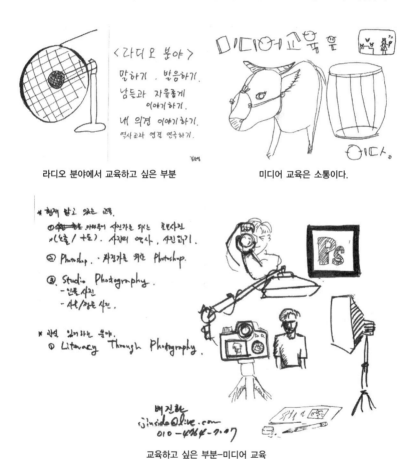

라디오 분야에서 교육하고 싶은 부분

미디어 교육은 소통이다.

교육하고 싶은 부분-미디어 교육

스마트폰, 태블릿PC로 주로 많이 이용하는 어플들

스마트교육과 관련하여 연수를 진행하고 있다. 스마트폰과 태블릿PC에서 주로 사용하는 교육용 어플리케이션들을 정리하여 선생님들과 학생들에게 도움을 주고자 비주얼씽킹 하였다.

깨미동에서 주로 사용하는 스마트 교육용 어플

홍보 자료

쉼이 있는 교육 프로젝트에 관련하여 비주얼씽킹의 자료가 초안으로 사용되어 홍보물을 만들게 되었다. 표의 내용들을 하나씩 그림으로 표현하였다. 그 내용을 보면 다음과 같다.

대한민국 다음 세대의 행복을 위하여

쉼이 있는 교육 프로젝트를 제안합니다

우리의 실천과 요구

- 학부모: 심야 시간과 일요일에는 학원을 보내지 않고 자녀로 하여금 충분한 휴식을 하도록 돕겠습니다.
- 학교: 너무 이른 등교나 강제적인 보충이나 야간 자율학습은 시키지 않겠습니다.
- 학원장: 심야 시간과 일요일에 학원 영업을 하지 않겠습니다.
- 정부와 국회는 심야 시간과 일요일에 학원 영업을 규제하는 입법을 해 주십시오.

*대한민국 학생들의 행복을 위하여
쉼이 있는 교육 프로젝트를 제안합니다.

©Dong2

*쉼이 있는 교육 프로젝트 참여 방법
홈페이지(www.resteedu.net)에 접속하여서 지지의
뜻을 표현해 주시고 주의 사람들에게 널리 알려 주세요.

*쉼이 있는 프로젝트는 대한민국 학생들의 건강과 행복을
위해 쉼과 학습이 조화를 이루는 교육환경을 마련하고자
합니다. 사단법인 좋은교사운동(gooteacher.org)과 ywca, 참교
육학부모회, 깨끗한미디어를위한교사운동이 함께 협력하고 있습
니다.

www.edurest.net

*부모들의 어린 시절 VS 요즈음 어린이

68.6%   20.6%

*크리스턴 라카르드가 놀란 이유는?

한국 아이들은 8시 부터
11시 까지 공부합니다.

그럼 언제 공부하고도
개발하게 그렇게 산라는 줄죠?

11시가 밤 11시 입니다.

어떻게 그런 일이?

-김용 세계은행(IBRD)총재가 크리슨턴 라가르드 국제통화기금(IMF) 총재
와 나눈 대화 중에서(2013.12.4)-

*아동은 충분히 쉬고 놀 권리가 있다.
-유엔아동권리협약 31조-

*대한민국 청소년 행복지수 꼴찌,
학습시간 최고   -주거건대사대원(2사)-

49.4%   33.9%

*어린이 놀이 현장
-어린이에게는 놀 권리가 있다.
-어린이는 차별 없이 놀이 지원을 받아야 한다.
-어린이는 놀 터와 놀 시간을 누려야 한다.
-2015.5.4. 시도교육감공동선언-

*어린이 놀이 현장
-어린이는 다양한 놀이를 경험해야 한다.
-가정, 학교, 지역사회는 놀이에 대한 가치를 존중해야
한다.
-2015.5.4. 시도교육감공동선언-

©Designed by KIM HAE DONG(DONG2)

단어 카드 만들기

필자는 주말이면 동네 놀이터에서 아이들과 함께 시간을 보낸다. 아이들과 함께 주로 자전거를 타거나 놀이터의 놀이기구를 이용하였다. 그러던 어느 날 동네 놀이터에서 스케치북과 펜으로 비주얼씽킹을 하고 있었는데 아이들이 와서 구경을 하게 되었다. 아이들은 그 이후로 자전거나 놀이기구를 이용하지 않고 나와 같이 일주일에 한 번씩 비주얼씽킹을 하게 되었다.

동네 아이들의 비주얼씽킹

비주얼씽킹 단어 카드-유아

비주얼씽킹 단어 카드-초등

비주얼씽킹
디지털로 응용하기

디지털로 응용하기

디지털로 표현할 수 있는 어플리케이션은 스케치북, artrage, 빅북, 페이퍼, S노트, Sketches 등 여러 가지가 있다. 많은 어플리케이션 중에서 추천해 달라는 질문을 많이 받게 된다. 필자의 답은 늘 같다. "사용하기 편한 어플리케이션을 사용하면 된다". 어플리케이션을 이용하는 주된 이유는 아날로그의 자료를 디지털로 편집 및 저장을 할 수 있기 때문이다.

필자는 스케치북과 artrage, 파워포인트, 그림판 등을 이용하여 색을 넣거나 편집하는 작업을 한다.

스케치북 어플리케이션 활용하기

스케치북 어플리케이션은 안드로이드, 아이폰, 태블릿PC, 맥북, 윈도우PC 등에서 사용할 수 있는 어플리케이션이다. 따라서 사용자가 자신의 미디어 환경에 맞게 어플리케이션을 구입, 사용하면 된다. 스케치북 어플리케이션의 특징은 비주얼씽킹 작품에 자신만의 색을 쉽게 입힐 수 있다는 장점이 있다. 색을 칠하는 데 오랜 시간을 들이지 않고, 간단하게 할 수 있다. 또한, 음영이나 그림자를 넣을 수 있으며 손으로 그린 것을 디지털로 표현할 수 있다.

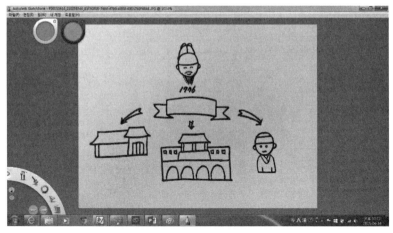

윈도우용 스케치북 프로그램

팁 스케이북 사용법은 동이샘의 블로그를 참고하면 된다.
http://blog.naver.com/ssfile

파워포인트 활용하기

파워포인트는 보통 많이 쓰는 프로그램 중 하나이다. 최근에는 파워포인트의 기능이 좋아져서 포토샵, 일러스트를 이용하지 않아도 풍부한 편집이 가능하다. 비주얼씽킹에서는 보통 텍스트를 넣거나 이미지를 편집하는 데 주로 이용한다.

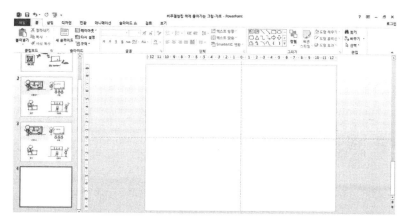

빈페이지

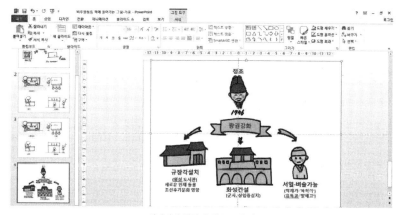

이미지에 알맞게 텍스트 수정

빅처 활용하기(디지털로 Visual thinking 하기)

빅처 어플리케이션은 그림을 활용한 sns이다. 자신의 작품을 '스토리, 콘테스트, 전문가'에서 자료를 공유할 수 있다. 다른 사람들의 작품을 감상하면서 습작이 가능하다.

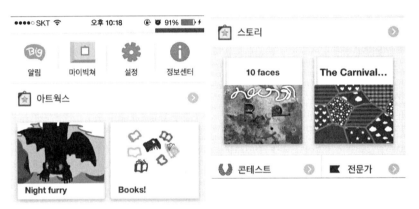

아트웍스, 스토리, 콘테스트에 서로 공유할 수 있으며 다른 사람들의 작품을 감상할 수 있다.

매직 브러시 킷으로 다양한 표현 방법이 가능   기본 브러시로 펜, 브러시, 크레용이 있다.

페이퍼(PAPER) 어플리케이션 활용하기

페이퍼(PAPER) 어플은 아이패드 전용 어플이다. 어플은 유료이며 전용 펜을 사용하면 다양한 기능을 이용할 수 있다. 전용 펜을 구입하면 어플을 따로 구입하지 않고 사용할 수 있다. 다만 배송이 오래 걸리기 때문에 주문 후 2주 이상 기다려야 한다.

페이퍼(PAPER) 어플은 주요 특징은

1. 수채화 느낌을 디지털로 표현할 수 있다.
2. 디지털로 만연필, 연필, 마커펜, 수채화 물감 등의 표현이 가능하다.
3. 비주얼씽킹, 그림을 그릴 때 마음에 안 들면 쉽게 지울 수 있다.

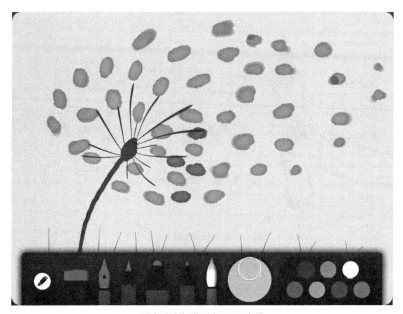

화면 아래에 있는 기본 도구와 색

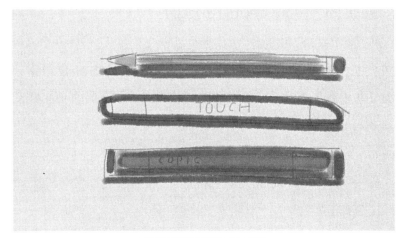

페이퍼 어플을 이용한 도구 그리기

이소정 학생 작품-구구단 표현하기

Prezi에서 활용하기

비주일씽킹은 프리젠테이션의 좋은 재료가 된다. 웹 공간에서 찾지 못한 비주얼적인 요소들을 직접 만들면 되기 때문에 웹 공간에서 찾아 헤매지 않아도 된다. Prezi, ppt, 키노트 등 대부분이 비주얼적인 것들을 재료로 이용하기 때문에 비주얼씽킹으로 Prezi를 만들면 효과적이다.

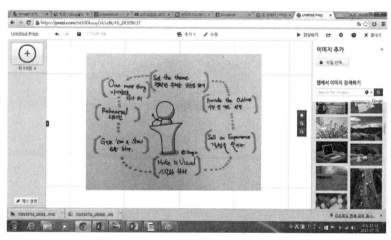

비주얼씽킹 한 것을 Prezi로 구현

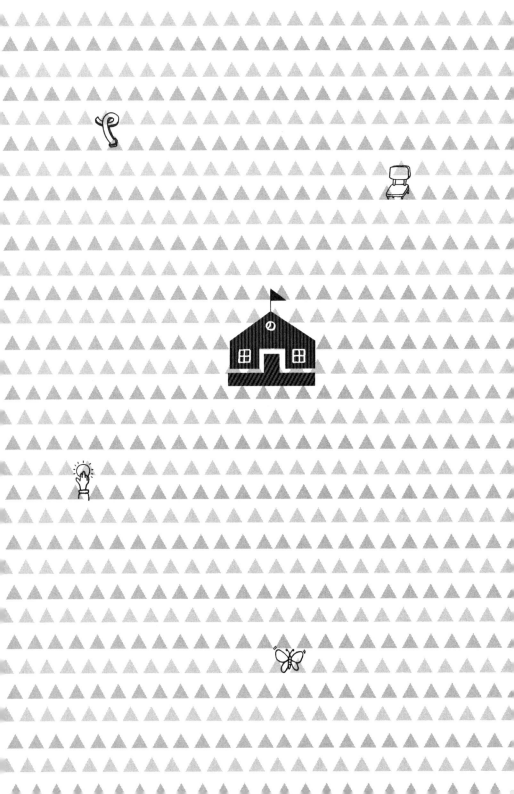

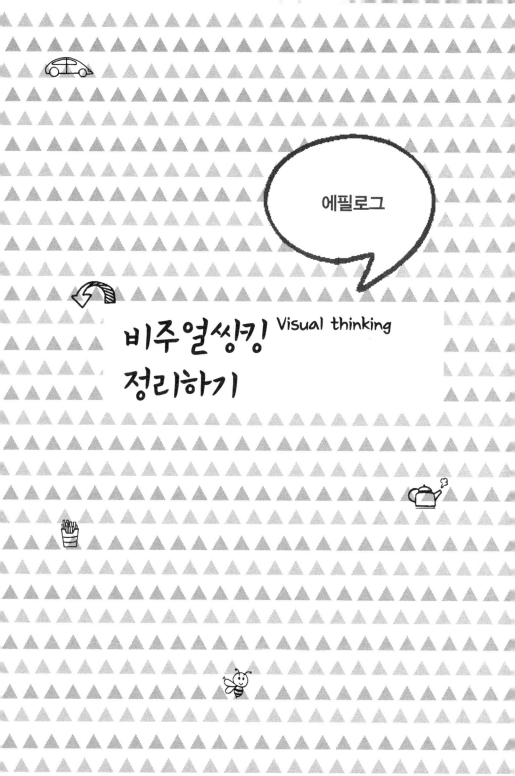

에필로그

비주얼씽킹 Visual thinking
정리하기

정리하기

1. 굵은 펜을 사용한다.

시각적으로 가늘고, 색이 흐린 펜보다는 선이 굵고, 진한 색이 더 잘 보인다.

2. 예쁘게 그리는 것보다는 시각적인 표현에 집중해야 한다.

비주얼씽킹은 생각을 시각적으로 전달하는 데 목적이 있으므로 예쁘게 그리기보다는 생각이나 감정을 잘 표현하도록 노력한다.

3. 그림자는 그릴 것을 권유한다.

그림자를 그리면 좀 더 입체적으로 보인다. 또한 우리의 눈은 일상적으로 그림자를 보고 있기에 그림자 있는 것을 편하게 생각한다.

4. 그림자 색은 자유롭게 선택하면 된다.

그림자 색은 보통 신한마커로는 WG3,4이나 CG3,4정도이면 좋다. 코픽펜으로는 C3~4를 사용하면 된다. 그러나 초록색, 파란색, 빨간색 등을 그림자로 사용해도 된다.

5. 내가 좋아하는 주제를 비주얼씽킹 한다.

비주얼씽킹은 자신이 좋아하는 주제를 중심으로 한다. 평소에 관심 있었던 주제나 내용으로 하는 것이 표현도 잘 되기 때문이다.

6. 사람의 표정은 처음에는 안 그려도 된다.

사람의 표정은 꼭 필요할 때만 그리면 된다. 얼굴 표정 없이 행동이나 사물을 가지고 얼마든지 표현이 가능하기 때문이다.

7. 색은 나중에 칠한다.

색은 칠하지 않아도 된다. 비주얼씽킹을 처음 시작할 때는 그림과 그림자만으로 전달하고 싶은 내용을 충분히 전달할 수 있다. 비주얼씽킹에 어느 정도 익숙해진 후에 색을 칠하면 된다.

8. 매일 조금씩 비주얼씽킹 한다.

우리는 매일 생각을 한다. 많은 생각 중에 하나 정도만 비주얼씽킹을 한다면 나의 생각과 비주얼씽킹 능력이 향상될 수 있다.

비주얼씽킹은 결국 공감하고 서로 나눔에 최종 목적이 있다. 아무리 잘 만들어진 비주얼씽킹이라고 해도 서로 느끼지 못하면 소용이 없는 것이다.

말콤 글래드웰은 '아웃라이더'[1]라는 책에서 '1만 시간의 법칙'을 이야기했다. 진정한 아웃라이어가 되기 위해서는 1만 시간이 필요하다. 어떤 분야의 전문가가 되려면 매일 조금씩, 자신이 좋아하는것을 해야 한다. 그것이 1만 시간에 이르게 되면 전문가가 될 수 있다. 비주얼씽킹도 매일 조금씩 하는 것을 권장한다. 중요한 것은 '실천하는가?' 문제이다. 자신이 좋아하는 것을 일기나 수첩에 조금씩 표현하면 성장한 자신을 발견하고, 어느 순간에 자신감과 함께 비주얼씽킹 전문가가 되어 있을 것이다.

---

1. 말콤 글래드웰(2009). 《성공한 기회를 발견한 사람들 아웃라이어》, 김영사.

매일 조금씩 하다 보면 쌓여 있는 스케치북을 발견한다.
쌓여 있는 스케치북과 함께 자신감도 쌓여간다.

여러분의 실천이 우리 교육에 큰 도움이 될 것이다.

교과		지도 일시	월 일 교시	대상		지도 교사	김해동
단원				차시	1/3	교과서	

학습 주제	비주얼씽킹		
학습목표	비주얼씽킹에 대하여 알고, 비주얼씽킹 단어를 표현 할 수 있다.	준비물	종합장, 회색마카1, 검은색 마카1

학습 단계	학습 과정	교수 · 학습 활동 교사	시간 (분)	자료(●) 및 유의점(※)
도입	동기 유발 학습목표	●동기 유발하기 · 비주얼씽킹 동영상 시청하기 ●학습목표 확인하기 비주얼씽킹에 대하여 알고, 비주얼씽킹 단어를 표현할 수 있다.	5′	※학생들이 흥미를 가질 수 있도록 가능한 애니 메이션을 시 청한다.
	학습활동 안내	●학습활동 안내하기 〈활동1〉 비주얼씽킹이란? 〈활동2〉 비주얼씽킹 단어 익히기 〈활동3〉 비주얼씽킹 단어 맞추기 게임		

전개	활동	〈활동1〉 비주얼씽킹이란?	10′
		●비주얼씽킹은 (　　)이다. 이유는 (　　) 때문이다.	

→ 자신의 생각을 글과 그림으로 표현하는 활동

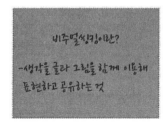

●비주얼씽킹이 왜 필요할까?
- 좌뇌와 우뇌의 발달
- 창의력, 재미, 자신의 스케줄을 정리할 때 많은 도움이 됨

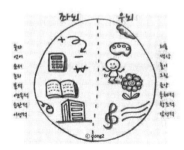

●준비물 살펴보기
종합장, 검은색마카, 회색마카(색 마카)

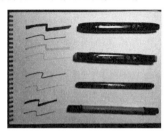

전개	활동	〈활동2〉 비주얼씽킹 단어	10′

● 점, 선, 도형 그리기

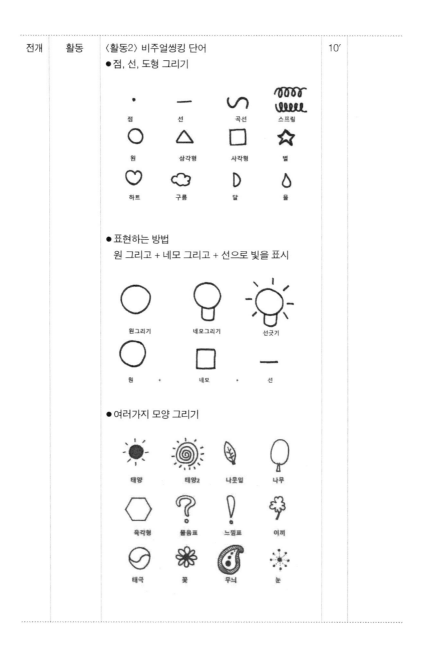

● 표현하는 방법
원 그리고 + 네모 그리고 + 선으로 빛을 표시

● 여러가지 모양 그리기

전개	적용하기	〈활동3〉 비주얼씽킹 단어 맞히기 게임	10′
		●제시한 단어를 그림으로 표현하기 서로의 그림을 감상하기-같은 단어이지만 비주얼로 표현 했을 때 다양한 그림들이 나온다. 	
정리	학습내용 정리	●학습내용 정리 ·비주얼씽킹이란 자신의 생각을 글과 그림으로 표현하는 활동 ·비주얼씽킹 단어를 만들기	5′
	차시 예고	●차시 예고 및 과제 제시 ·차시 예고 : 다음 시간에는 비주얼씽킹(리본, 말풍선, 배너, 사물) 문장 배우기	

※ 시간은 학습자 또는 과정에 맞추어서 40~50분으로 조정하면 된다.

교과		지도 일시	월 일 교시	대상		지도 교사	김해동
단원				차시	2/4	교과서	

학습 주제	비주얼씽킹		
학습목표	비주얼씽킹 단어(리본, 말풍선, 배너, 제목)를 익히고, 표현할 수 있다.	준비물	종합장, 회색마카1, 검은색 마카1

학습 단계	학습 과정	교수 · 학습 활동 교사	시간 (분)	자료(●) 및 유의점(※)
도입	동기 유발 학습목표	●동기 유발하기 · 비주얼씽킹 작품 감상하기 ● 학습목표 확인하기 비주얼씽킹 단어(리본, 말풍선, 배너, 제목)를 익히고, 표현 할 수 있다.	5′	※비주얼씽킹 작품
	학습활동 안내	●학습활동 안내하기 〈활동1〉 리본 그리기 〈활동2〉 말풍선 그리기 〈활동3〉 제목 그리기 〈활동3〉 사물 그리기		

전개	활동	〈활동1〉 리본 그리기	35′	※천천히 과정을 따라 할 수 있도록 한다.

〈활동1〉 리본 그리기
- 리본 그리기

① 네모 모양을 그립니다.   ② 접히는 부분을 그립니다.

③ 나머지 부분을 그립니다.   ④ 그림자를 넣어 줍니다.

- 리본 표현할 때 주의할 점
  - 리본은 가운데부터 그리는 것을 권유
  - 음영은 마지막에 넣기

기본 배너   라운딩 배너

스크래치 배너   하트 배너

행사 배너   달력 배너

칠판 배너   현수막 배너

35′

※천천히 과정을 따라 할 수 있도록 한다.

전개	활동	〈활동2〉 말풍선 그리기

〈활동2〉 말풍선 그리기
● 말풍선 그리기

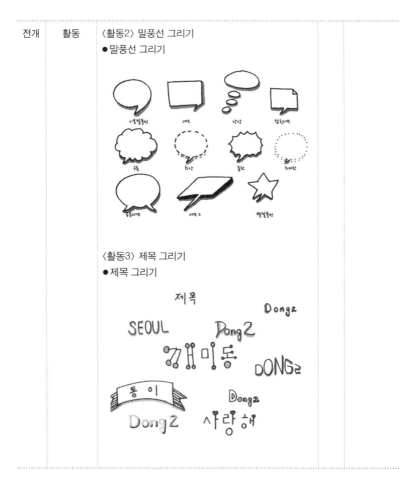

〈활동3〉 제목 그리기
● 제목 그리기

전개	활동	〈활동4〉 사물 그리기 ● 사물 그리기	※사람과 함께 상징물이나 사물을 표현하면 된다.

사물 맞추기 게임

커피 강아지 자동차 비행기

연필 신발 머그잔 꽃

무선와이파이   SD메모리카드   USB   중계기

마우스   채팅   태블릿PC   GPS

정리	학습 내용 정리	● 학습내용 정리 · 리본, 배너, 말풍선, 제목 그리는 방법을 알고 잘 표현하기 · 자신의 이름을 비주얼로 표현하기	5′
	차시 예고	● 차시 예고 및 과제 제시 · 차시 예고 : 다음 시간에는 비주얼씽킹 문장(사람)을 배우기	

※ 시간은 학습자 또는 과정에 맞추어서 40~50분으로 조정하면 된다.

교과		지도 일시	월 일 교시	대상		지도 교사	김해동
단원				차시	4/4	교과서	

학습 주제	비주얼씽킹		
학습목표	나의 하루 일과, 올해 나의 목표를 표현할 수 있다.	준비물	종합장, 회색마카1, 검은색 마카1

학습 단계	학습 과정	교수 · 학습 활동 교사	시간 (분)	자료(●) 및 유의점(※)
도입	동기 유발 학습목표	●동기 유발하기 · 올해 목표에 대한 비주얼씽킹 살펴보기 ●학습목표 확인하기 나의 하루 일과, 올해 나의 목표를 표현할 수 있다. ●학습활동 안내하기	5′	※ 오 늘 배 울 것에 대 한 비주얼씽 킹을 미리한 다.
	학습활동 안내	〈활동1〉 나의 하루 일과 표현하기 〈활동2〉 올해 나의 목표 표현하기 〈활동3〉 5, 10, 20, 30년 후의 나의 모습 표현하기		

전개	활동	〈활동1〉 나의 하루 일과 표현하기	35′	※집, 학교
		●나의 하루 일과 시간대별로 작성하기		중심으로 하
		- 학교 활동 시간		루 일과를
		- 학교 이외 활동 시간으로 나누어 작성하기		표현하도록
				한다.

〈활동2〉 올해 나의 목표 표현하기
●구체적으로 작성하여 비주얼로 표현하기

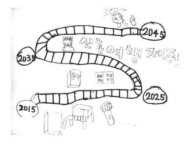

〈활동3〉 5, 10, 20, 30년 후의 나의 모습 표현하기
●5, 10, 20, 30년 후의 나의 모습 표현하기

전개	활동	●직업 그리기	※사람과 함께 상징물이나 사물을 표현하면 된다.

●직업 그리기

의사	목사	소방수	경찰
경찰	요리사	판사	메니저
세탁소	농부	조경	어부
영화감독	유리창청소	우주인	은행원

적용하기

〈활동4〉 나의 이름 표현하기, 맞히기 게임
●나의 이름을 비주얼로 표현하기
●내가 좋아하는 선생님의 이름 비주얼로 표현하기

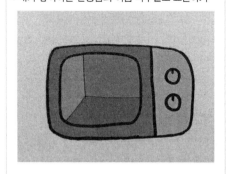

| 정리 | 학습내용 정리 | ●학습내용 정리
・자신의 이름을 비주얼로 표현하기 | 5′ | |
| | 차시 예고 | ●차시 예고 및 과제 제시
・차시 예고 : 다음 시간에는 비주얼씽킹 문단 배우기 | | |

※ 시간은 학습자 또는 과정에 맞추어서 40~50분으로 조정하면 된다.

✏ 곡선 그리기를 통해 여러 가지를 표현해 보세요.

태양

태양2

나뭇잎

나무

육각형

물음표

느낌표

이끼

태극

꽃

무늬

눈

비주얼씽킹 **수업활동지-2**	하트, 곡선 표현하기	학년　　반　　번 이름 :

✏ 하트 그리기를 통해 나무를 표현해 보세요.

✎ 사람을 표현하는 방법입니다. 머리, 팔, 다리 순으로 그려 주시면 됩니다.

| 비주얼씽킹 **수업활동지-4** | 사람 표현하기2 | 학년   반   번
이름 : |

✎ 가족과 관련된 모습 표현하기입니다. 참고하셔서 비주얼씽킹 해 보세요.

엄마와 아이   부부   엄마와 유모차

기저귀   아빠 등   아이목욕

✎ 아래의 사물을 보지 않고 떠오르는 이미지를 그려 봅니다.

사물 그리기

우유　　아이스크림　요거트　　통조림

생일케익　　사탕　　　용기　　닭다리

비주얼씽킹 수업활동지-6	사물 표현하기	학년 반 번 이름 :

✎ 내가 그려본 것과 비교해 봅니다. 사람마다 다르게 표현할 수 있습니다.

우유

아이스크림

요거트

통조림

생일케익

사탕

용기

닭다리

✎ 아래의 사물을 보지 않고 떠오르는 이미지를 그려 봅니다.

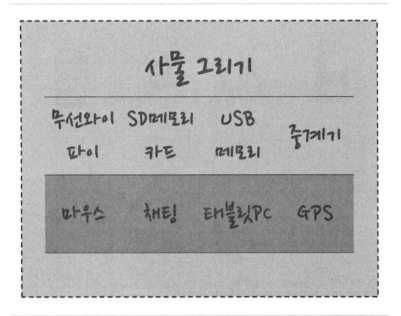

비주얼씽킹 **수업활동지-8**	사물 표현하기	학년　　반　　번 이름 :

✏ 내가 그려본 것과 비교해 봅니다. 사람마다 다르게 표현할 수 있습니다.

무선와이파이

SD메모리카드

USB

중계기

마우스

채팅

태블릿PC

GPS

교육 자료 참고 사이트

http://cafe.daum.net/cleanmedia

이미지 참고 사이트

https://pixabay.com

http://www.morguefile.com/

http://openphoto.net/

https://www.flickr.com/

http://www.gratisography.com/

https://unsplash.com/

http://littlevisuals.co/

http://nos.twnsnd.co/

픽토그램 참고 사이트

https://thenounproject.com/

http://iconmonstr.com/

http://www.flaticon.com/

http://www.iconsdb.com/

https://www.iconfinder.com/

http://simpleicon.com/

픽토차트 참고 사이트

http://piktochart.com